KENDİNİZİ KURTARIN

"Dünya Krizinden Nasıl Güçlü Çıkabilirsiniz?"

Michael Laitman

ISBN: 978-1-77228-097-5

© Laitman Kabbalah Publishers

YAZAR: Michael LAITMAN

www.kabala.info.tr

KAPAK: Laitman Kabbalah Publishers

BASIM TARİHİ: 2023

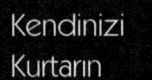

Kendinizi Kurtarın

Dr. Michael Laitman

İçindekiler

1. KISIM : KRİZİN TOHUMLARI   4
Bölüm 1 : Bir Haritam ve Bir Pusulam Var ve
Hâlâ Kayıbım   6
Bölüm 2: Medeniyetin Beşiğinden Dersler   11
Çadırdaki Bilgelik   13
Bölüm 3: Arzunun Akımları   17
Yaşamın Doğuşu   20
İnsanlığın Şafağı   22
Bölüm 4: İki Arzunun Gizliliği   25
Annesiz Bir çocuk Gibi   28
Bölüm 5: Açgözlü İnsanoğlu   31
Bölüm 6: Hücresel Birlik   35
Nemrut'un Yolu   37
Bölüm 7: Dağdan İniş   39

2. KISIM: DOĞADAN ÖĞRENMEK   42

Bölüm 8: Ormandan Çıkış Yolu   44
Bölüm 9: Umursayan Bir Medya Yaratmak
Aşkın Suları   49

3. KISIM : DENGEYİ SAĞLAMAK   54

Bölüm 10: Sanatlar Yeni Tavırları Nasıl
Modelleyebilirler?   56
Umut Filmleri   59

Dr. Michael Laitman

Kendinizi Kurtarın

Bölüm 11: Şarkı ve Melodide Ahengi Bulmak   59
Sonsuz Aşkın Şarkıları   64
Ahengin Melodileri   66
Bölüm 12: Para, Para, Para   68
Bölüm 13: Çocuklarınıza İyi Öğretin   74
Bölüm 14: Evet, Yapabiliriz (Ve Yapmak Zorundayız)   81
Bölüm 15: İyi Olmak ve İyi Kalmak   86
Sağlık Sisteminin İyileştirilmesi   89
Bölüm 16: ...Ve Serin Kalmak   92
Bölüm 17: Son Söz   96
Yazar Hakkında   99

Kendinizi Kurtarın — Dr. Michael Laitman

1.KISIM

KRİZİN TOHUMLARI

Hepimizin karşı karşıya olduğu global kriz mali sistemimizin çöküşüyle başlamadı. Aslında çok daha önceden beri vardı – kökü insan doğasının derinliklerinde saklı olarak. Kendimizi bu krizden nasıl kurtarabileceğimizi anlamak için, kendi doğamızın neden bizi doğayla ve birbirimizle çatıştırdığını anlamamız gerek.

BÖLÜM 1

BİR HARİTAM VE PUSULAM VAR, AMA HÂLÂ KAYIBIM

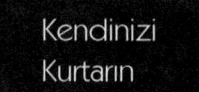

Dr. Michael Laitman

BİR HARİTAM VE PUSULAM VAR, AMA HÂLÂ KAYIBIM

Hırpalanmış Toyota kamyonetimi Rainier Dağı'nın kuzey yamaçlarından birisinde bulunan bir park yerine park ettiğimde saat sabah dokuzdu ve arkadaşım Josh ve ben kamyonetten indik. Planımız Cataract Vadisi'nden aşağıya doğru yürümek, geceyi orada geçirmek ve ertesi gün geri dönmekti. Hava tahmin raporunda güzel ve güneşli bir Temmuz günü olacağı söylenmişti ve o öğleden sonra geç vakitte kampta akşam yemeği için su kaynatıyor olacağımızdan ikimiz de emindik.

Ertesi gün park yerinde olacağımızı planladığımızdan, yiyecek ve içecek tedariğimiz buna göre minimum düzeydeydi. Ama bir kez dağa çıktığınızda, neler olabileceğini asla kestiremezsiniz. Yolda yaklaşık bir saat gittikten sonra, hava aniden değişti. Dağın tepesini bulutlar kapladı ve manzara ağır bir sisin altında gizlendi. Gittiğimiz yolun bizi aşağıya, vadiye doğru götüreceğini biliyorduk ve biz alçaldıkça sisin dağılmasını ümit ettik ama yanılmışız. Sis, ayaklarımızın altındaki yolu zorlukla görebileceğimiz kadar kalınlaşmakla kalmadı, aynı zamanda yolun kendisi de yayılan kar tanelerinin altında bizi nereye doğru gittiğimiz hakkında her türlü ipucundan yoksun bırakarak kayboldu.

Nereye doğru gittiğimizi göremeden ve o anki konumumuz hakkında açık bir fikre sahip olmadan, Josh ve ben sınırlı yön bulma becerilerimize güvenmek zorunda kaldık. İstemeden de olsa, bize rehberlik etmesi için haritamıza ve pusulamıza baktık (o zamanlar GPS

Dr. Michael Laitman

Kendinizi Kurtarın

hâlâ çok gizli bir askeri gereçti). İki şeyin farkına vardık: nerede olduğumuz hakkında belirsiz bir fikre sahiptik ve gideceğimiz yerin Cataract Vadisi (yerinde bir şekilde) olduğunu biliyorduk. Kalan beş millik engebeli bölgeyi zikzaklar çizerek sadece haritamız ve pusulamız yardımıyla geçebileceğimizi umuyorduk ama beklentilerimiz hakkında tedirgin olmaktan da kendimizi alamıyorduk.

Farz ettiğimiz konumumuzdan vadiye doğru düz bir çizgi çizdik ve elimizden geldiğince bu çizgiyi izlemeye çalıştık. Biliyorduk ki, bir noktada vadiye doğru inmeye başlamamız gerekiyordu ama o anda 20 feet ötemizden daha fazlasını göremiyorduk ve altımızdaki yer hiç bir aşağıya doğru iniş belirtisi göstermiyordu. İşleri daha da zorlaştıran, üzerinde yürüdüğümüz yumuşak çayırın taşlarla kaplı tepelere dönüşmesiydi, bu da her adımımıza dikkat etmemizi gerektiriyordu.

Birkaç saat sonra, günbatımı başladığında ve korkularımız daha da büyüdüğünde, gökyüzü birden apaçık oldu. Hemen önümüzde, vadiye doğru olan inişin olduğunu düşündüğümüz yerde, tüm görkemiyle Rainier Dağı'nın karlı beyaz zirvesi belirdi.

İşte bu, gerçekten kaybolduğumuzu fark ettiğimiz zaman olmuştu. Şimdi gece yaklaşıyordu ve yanımızda birçok gün için kullanacağımız yeterli miktarda yiyecek ve su yoktu. Park korucularının bizi, izin süremizin bitmesinden sonra, birkaç gün geçmeden önce aramaya çıkmayacaklarını biliyorduk ve ikimizden biri yaralanırsa nereye gideceğimizi ya da kimden yardım alacağımızı da bilmiyorduk.

Kendinizi Kurtarın   Dr. Michael Laitman

Durumumuzu sinirli bir biçimde gözden geçirdiğimizde, gergin seslerimiz endişemizi yendi ve bu sefer kötü durumumuz için birbirimizi suçlamaya başladık. Birkaç dakika süresince, korkularımız ön plana çıktığından arkadaşlığımızı unuttuk. Ancak Josh ve ben uzun bir zamandan beri arkadaştık ve böyle durumları nasıl atlatacağımızı biliyorduk. Kısa ve karamsar bir tartışmadan sonra, ertesi sabah bir yol bulacağımıza dair ant içtik ve bunu ikimiz beraber yapacaktık. Daha fazla başıboş kalmak istemeyerek veya bir ayıya rastlamaktan çekinerek, olduğumuz yerde kalmaya ve geceyi tepede geçirmeye karar verdik.

Bizi rahatlatacak şekilde, ertesi sabah şafak okyanuslar kadar açık ve mavi bir gökyüzüyle attı. Önümüzdeki bölgeyi haritada işaretlenmiş olan bölgelerle ve yollarla karşılaştırarak, konumumuz hakkında bir tahminde bulunduk. Şunu fark etmiştik ki, eğer tepeden aşağıya doğru inersek, haritada gördüğümüz yollardan birisiyle kesişmemiz olasılığı yüksekti.

Kalbimiz ümitle dolu, tepeden aşağıya inmeye başladık. Üç saat sonra, dizlerimiz bizi dik ve kaygan dağ kenarından kaymamamız için ancak desteklerken (toprağı kaplamış olan çam iğneleriyle bu daha da zorlaşmıştı), çamurun üzerinde bir insan ayak izi keşfettik. Bundan çok kısa bir süre sonra da, üzerinde "Cataract Vadisi" yazan küçük, tahtadan bir tabela gördük.

Mutluluğumuz ve rahatlamamız tarif edilemez bir boyuttaydı. Biliyorduk ki, hayatlarımız bize geri

Dr. Michael Laitman

Kendinizi Kurtarın

bağışlanmıştı. Ama bundan daha da belirgin olan ise, bizi kurtaranın dostluğumuz ve birbirimize sarılmamız olduğunu fark etmemizdi. Bana göre, Rainier Dağı ve özellikle Cataract Vadisi sonsuza kadar birliğimizin gücüne tanıklık edecekti.

BÖLÜM 2

UYGARLIĞIN BEŞİĞİNDEN
ÇIKARILACAK DERSLER

Dr. Michael Laitman

Kendinizi Kurtarın

UYGARLIĞIN BEŞİĞİNDEN ÇIKARILACAK DERSLER

Bu gün, dünyanın şu anki durumuna baktığımda, Rainier Dağı'nda geçirdiğim macera aklıma gelir. Birden fazla yol olduğu zaman, bu macera şu anki durumumuzla kuvvetli bir paralellik gösterir.

İnsanlığın şimdiki durumuna baktığımızda, bir başarı elde edilebileceğine yönelik şüpheli bir tahminle beraber, durum çok amansız görünebilir. Ancak nasıl arkadaşım ve ben ormandan başarıyla kurtulduysak, insanlığın geleceği hakkında da olumlu düşünebiliriz. Başarımızı garanti altına almak için, tüm ihtiyacımız birleşmek ve beraber çalışmaktır.

Aslında birlik ve beraber çalışma, her zaman doğanın ve insanlığın başarı için kullandığı araçlar olmuştur. Bu kitabın da anlatacağı gibi, bunları kullandığımızda gelişiriz ve bunlardan sakındığımızda ise birbirimizden koparız.

Binlerce yıl önce, Fırat ve Dicle nehirleri arasında, "Mezopotamya" olarak adlandırılan geniş ve verimli topraklarda, "Babil" adlı bir kent devlette, bayındır bir toplum yaşıyordu. Kent, yaşam ve hareketle için için kaynıyordu. Şimdi adına "uygarlığın beşiği" dediğimiz bir ticaret merkeziydi.

Genç bir uygarlığa yakışacak şekilde, Babil birçok inanç sistemi ve öğretiyle dolu bir erime potasıydı. Kehanet,

Kendinizi Kurtarın

Dr. Michael Laitman

kart okuma, yüz ve el okuma, putlara tapınma ve diğer birçok anlaşılması zor işler Babil'de yaygın olarak yapılıyordu ve kabul görüyordu.

Babil'deki en seçkin ve saygıdeğer insanlar arasında Hz. İbrahim adında bir adam vardı. Bu adam bir rahipti, bir putperestti ve bir putperestin oğluydu ama aynı zamanda oldukça zeki ve yardımsever birisiydi.

Hz. İbrahim şunu fark etmişti ki, sevdiği insanlar birbirinden kopuyorlardı. Babil şehrinin insanları arasında nerede dostluk ve arkadaşlık varsa, belirgin bir nedeni olmaksızın bu fikir gitgide kayboluyordu. Hz. İbrahim şunu hissetmişti ki, gizli bir güç insanları birbirinden uzaklaştırıyordu. Dahası, bu gücün nereden geldiğini ve daha önce neden hiç ortaya çıkmadığını anlayamamıştı. Arayışını sürdürürken, Hz. İbrahim kendi inançlarını sorgulamaya başladı ve kendi yaşam tarzını gözden geçirdi. Dünyanın nasıl kurulduğuna, olayların nasıl ve neden olduğuna ve kendi kenttaşlarına yardım etmek için ne yapması gerektiğine dikkat etti.

Dr. Michael Laitman

Kendinizi Kurtarın

ÇADIRDAKİ BİLGELİK

Hz. İbrahim, bu meraklı ve düşünceli rahip, dünyanın iki arzu üzerine kurulu olduğunu keşfetti: vermek ve almak. Şunu buldu ki, dünyayı yaratmak için, bu arzular öylesine derin ve kapsamlı bir kurallar sistemi oluşturuyordu ki bu gün bunu artık bir bilim olarak ele alıyoruz. O zamanlar, "bilim" terimi ortalarda yoktu ama Hz. İbrahim'in bir tanımlamaya ihtiyacı bulunmamaktaydı. Aksine, o yeni kuralları araştırma yolunu tuttu ve bunların sevdiği insanlara nasıl yardım edebileceğini öğrendi.

Hz. İbrahim bu arzuların bizim tüm varlığımızı oluşturan bir kumaş gibi dokunmuş olduklarını keşfetti. Bunlar sadece davranışlarımızı değil, tüm gerçeğimizi belirliyordu – düşündüğümüz, gördüğümüz, tattığımız veya dokunduğumuz her şeyi. Keşfettiği kurallar sistemi ise bunlar arasında bir denge sağlayan bir mekanizma yaratıyordu, öyle ki bunlardan birisi diğerinin önüne geçemiyordu. Bu arzular dinamik ve gelişen arzulardı ve Hz. İbrahim insanlar arasındaki bu ayrılığın içlerindeki alma arzusunun verme arzusundan daha güçlü olmaya başlamasından kaynaklandığını fark etti, bu arzu bencil tatmin veya egoist arzu halini almıştı.

Hz. İbrahim, büyüyen egoizme rağmen bu gidişi tersine döndürmenin tek yolunun insanların birleşmesi olduğunu anladı. Halkının birbirlerine olan ve her geçen gün artan güvensizliğin ötesinde onları yeni bir seviyede bağlılık ve dostluğun beklediğini biliyordu. Ancak bu seviyeye ulaşmak için birleşmeleri gerekliydi. Babil halkının

13

> Kendinizi Kurtarın　　　　　　　　Dr. Michael Laitman

mutsuzluğuna neden olan sorunun cevabını bilen Hz. İbrahim, onların da bu cevabı bulmasından başka bir şey dilemiyordu.

Ancak onun keşfettiğini keşfetmeleri ve kaybettikleri arkadaşlık ve dostluk hissini yeniden kazanabilmeleri için Hz. İbrahim, halkının işbirliğine ihtiyaç duydu. Kendilerine yardım edilmesini gerçekten istemedikleri sürece, onlara yardım edemeyeceğini biliyordu. Halk mutsuz olduğunu bilmesine rağmen nedenini bilmiyordu. Bu sebeple Hz. İbrahim'in görevi onların çektikleri bu acının sebebini gün yüzüne çıkarmak oldu.

İşe başlamanın hevesiyle bir çadır kurdu ve herkesi yemeğe, içmeye ve aynı zamanda keşfettiği kuralları dinlemeye davet etti.

Hz. İbrahim, bir rahip, tanınmış bir kişiydi ve birçoğu onu dinlemeye geldi. Ancak çok azı ikna oldu ve geri kalanlar ise hayatlarına devam ettiler, problemlerini bilinen yöntemlerle çözme arayışını sürdürdüler.

Ancak Hz. İbrahim'in devrim niteliğindeki keşfi otoritelerin gözünden kaçmadı ve kısa bir süre sonra Babil topraklarının hükümdarı olan Nemrut'la yüz yüze getirildi. Zamanının usta öğreticisi olan Hz. İbrahim, bu meşhur tartışmada Nemrut'u acı bir şekilde yendi. Yerin dibine geçen Nemrut, intikam almak için Hz. İbrahim'i kazıkta yakmayı istedi. Ancak Hz. İbrahim ailesiyle birlikte kaçtı ve Babil'i terk etti.

Göçebe hayatı yaşayan Hz. İbrahim, gittiği her yerde çadırını kurarak, keşfettiği kuralları dinlemeleri için yerli halkı ve yoldan geçenleri davet etti. Seyahatleri esnasında Harran, Kenan ve Mısır'dan geçti ve son olarak Kenan'a geri döndü.

Keşfettiklerini yaymak maksadıyla Hz. İbrahim kendisine ifşa olanların özünü takdim ettiği ve bizim "Yaradılışın Kitabı" adıyla bildiğimiz kitabı yazdı. Hz. İbrahim'in hayattaki yeni amacı kendisini dinleyecek herkese keşfettiklerini açıklamak ve anlatmak olmuştu. Oğulları ve bizzat kendisinden öğrenenler o zamandan günümüze Hz. İbrahim'in yöntemini geliştiren ve uygulayan bir âlimler soyu oluşturdular. Yaradılışın Kitabı, öğrencilerinin de kendilerini adamasıyla, Hz. İbrahim'in keşfettiklerinin nesilden nesile yaşamasını ve en sonunda gerçekten ihtiyacı olan neslin uygulayabilmesi için mevcut olmasını sağladı; bizim neslimizin!

BÖLÜM 3

ARZULARIN AKIMI

Dr. Michael Laitman

> Kendinizi
> Kurtarın

ARZULARIN AKIMI

İnsanlığın Babil zamanındaki durumunu derinden düşündüğümüzde, Nemrut'un Hz. İbrahim'in devrimsel keşfini neden reddettiğini anlamaya başlayabiliriz. Bugün bile, insanoğlunun her şeyi açıklayan tek ve mükemmel bir formül bulmak için harcadığı yüzyıllar sonunda Hz. İbrahim'in realiteyi açıklayışı doğru olamayacak kadar basit gözükmektedir – uygulamaya başlayana kadar.

Önceki bölümde bahsettiğimiz üzere Hz. İbrahim realitenin iki arzudan meydana geldiğini keşfetti: Birincisi vermek ve diğeri ise almak. Şu ana kadar yaşanmış, şimdi yaşanılan ve ilerde yaşanacak olan her şeyin bu iki kuvvetin birbirleriyle olan etkileşmesinin sonucu olduğunu buldu. Bu iki arzu ahenk içinde çalıştığı zaman, yaşam kendi yolu boyunca barış içinde akıyordu. Çatıştıkları zaman, yan etkileri çok büyük ölçekte felaketler ve krizler olan durumlarla baş etmek zorunda kalıyorduk.

Bu keşifler sayesinde Hz. İbrahim evrenin ve yaşamın nasıl başladığını ve ne şekilde evrim geçirdiğini anladı. Evrenimiz yaklaşık 14 milyar sene önce, küçücük bir noktadan, muazzam ve tekrarı olmayan bir enerji patlamasının açığa çıkmasıyla doğdu. Gök bilimciler buna "Büyük Patlama" adını verdiler. Gebe kalma anında meni ve yumurtanın embriyoyu oluşturması için birleşmesi gibi, evren de verme arzusunun alma arzusuyla Büyük Patlama içinde ilk defa buluşması sonucu ortaya çıktı. Bu nedenle, evrende var olan her şey, bu iki kuvvetin birleşmesinin bir göstergesidir.

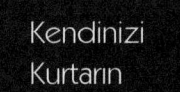

Kendinizi Kurtarın

Dr. Michael Laitman

Gebe kalındıktan hemen sonra embriyodaki hücrelerin bölünmeye başlaması ve yeni doğanın bedenini oluşturması gibi, verme ve alma arzusu Büyük Patlama'dan hemen sonra evrenin maddesini oluşturmaya başladılar. Milyarlarca yıl süren ve bugüne kadar uzayan bir süreç boyunca gazlar değişimli olarak genişledi ve daraldı, galaksiler yaratıldı ve içlerinde yıldızlar oluştu. Gazın her genişlemesi, genişleyen ve oluşturan verme arzusunun ve her daralma, emen ve daraltan alma arzusunun bir sonucu olarak meydana geldi.

İnsanlık, evren gibi, sayısız unsurların birbiriyle olan etkileşiminden oluşan muhteşem bir sistemdir. Evreni milyarlarca galaksinin oluşturması gibi, insanlık da milyarlarca insanın birleşiminden oluşur. Her galaksinin içinde yıldızların olması gibi, her ülkenin ve eyaletlerin içinde insanlar vardır. Her insan vücudundaki organlar dokular ve hücreler, güneşin yörüngesindeki gezegenler, kuyrukluyıldızlar ve asteroitler gibidirler.

Genişleme ve daralma yaşamdaki sonsuz çekilmeyi ve akışı oluşturur, bir an verme arzusu ve bir sonraki an alma arzusu tarafından yürütülürler. İster evrenimizi oluşturmak için birleşen galaksiler, güneşler ve gezegenler olsun, ister insanoğlunu oluşturmak için birleşen hücreler, dokular ve organlar olsun, bu arzuların karşılıklı etkileşimi yaradılışın kalbindedir.

Yıldızlarda olduğu gibi, Dünyamız arzuların etkileşimi sonucunda oluşan genişleme ve daralma sonucunda gelişti. Dünya ilk oluştuğunda, yüzeyi genişlemenin akışını ve daralmanın bozuşunu yansıttı. Verme arzusunun egemen olduğu her seferde Dünya'nın cehennem kadar sıcak olan iç kısmı erimiş lav nehri şekline dönen patlamalar geçirdi. Ve alma kuvvetinin egemen olduğu her seferde lav soğuyup yeni toprak parçalarını biçimlendirdi. Nihayetinde, Dünya üzerinde şu an bildiğimiz yaşamın oluşması için gerekli sertlikte kabuk oluştu.

Daha da derine indiğimizde bu aynı iki kuvvetin, vermenin ve almanın yaratılmış olan her şeyin içinde, yaşamın muhteşem elbisesini dokuduğunu görürüz. Dokuma sürecinde, verme arzusu ilk maddeyi yaratır, Büyük Patlama'da veya yeni doğan bebekte olduğu gibi, daha sonra alma arzusu maddeye şekil verir, yıldızlar ve organizmalardaki farklı hücreler gibi.

> Kendinizi Kurtarın

Dr. Michael Laitman

YAŞAMIN DOĞUŞU

Hikâye evrenin yaradılışı ile son bulmuyor. Bir bebek doğduğu zaman, el ve ayaklarını kontrol edemez, hareketleri kararsız gözükür. Ancak, bu kararsız gözüken hareketlerin önemi muazzamdır. Birçok tekrardan sonra, bebek zamanla hangi hareketlerin sonuç verdiğini ve hangilerinin vermediğini öğrenir. Bebek denemedikçe, ne şekilde döneceğini, emekleyeceğini ve sonunda yürüyeceğini öğrenemez. Bebekte, yaşam kuvveti (verme arzusu) hareketi oluşturur. Ancak, bu kuvvete yön veren ve hangi verme arzusunun (hareketler) dışavurumunun kalması gerektiğini ve hangilerinin kalmaması gerektiğini alma arzusu belirler.

Aynı prensip Dünya'nın erken dönemine uygulanabilir. Dünya soğumaya başladığı zaman, verme arzusu tarafından yönetilen partiküller rastgele hareket ettiler. Alma arzusu bu partiküllerin daralmasına ve kümeler haline gelmesine neden oldu ve yalnızca en kararlı olan gruplar hayatta kaldı ve atomları oluşturdu.

Atomlar da, rastgele şekilde hareket ettiler, çünkü içlerindeki verme arzusu onları kararsız bir şekilde savuruyordu ve alma arzusu gitgide daha dayanıklı atomlar topluluğu oluşturdu. Bunlar ilk moleküllerdi. Buradan, yaşayan ilk varlık için oluşan yolun asfaltı döküldü.

Çocuklarda, verme arzusu ve alma arzusu ihtiyaçlarına en uygun olan davranış tarzlarında ortaya

çıkar. İlk olarak, bebekler kendilerine meme emme veya babalarının küçük parmaklarını sıkmak gibi özellikler kazandıran motor kabiliyetlerini geliştirirler. Daha sonra gülümseme veya kaşlarını çatma gibi sosyal kabiliyetler, nihayet, lisan ve daha kompleks kabiliyetler gelişir. Her seferinde, verme arzusu hareket ve enerjiyi ve alma arzusu bunun biçimini belirler.

Yaradılış esnasında, bu arzular işbirliği yaparak daha kompleks varlıklar oluşturdular. İlk, tek hücreli canlılar geldi. Daha sonra, bu hücreler hayatta kalabilme şanslarını artırmak için işbirliği yapmayı öğrendiler. Bazı hücreler nefes alma konusunda baskın oldular ve diğer hücrelere oksijen sağlama görevini üstlendiler. Diğer hücreler etkin biçimde sindirim yapmayı öğrendiler ve "kolonideki" diğer hücrelere besin sağlama sorumlusu oldular. Bazıları diğerleri için düşünmeyi öğrendiler ve "koloninin" beyni oldular.

Böylece, yaşamlarının devamı birbirine bağlı, her hücrenin kendine has bir sorumluluğu ve rolü olan çok hücreli canlılar oluştu. Bu özellik bitkiler, hayvanlar ve özellikle insan gibi kompleks yaratıkların niteliğidir.

> Kendinizi
> Kurtarın

Dr. Michael Laitman

İNSANLIĞIN DOĞUŞU

Safha safha, yaşam barışçıl şekilde evrim geçirdi. Daha sonra insanoğlu geldi. İlk insanlar daha çok maymun gibiydiler. Ağaçlarda ve yerde neyi buldularsa ve neyi avlayabiliyorlarsa onları yediler. İşbirliği yaptılar ancak bu işbirliği tamamıyla içgüdüseldi.

Ama insanoğlu diğer hayvanlar gibi değildir. Hayatta kalabilme şanslarını artırmak için bedenlerini geliştirmek yerine zekâlarını geliştirmeyi keşfettiler. Bunun sonucu olarak ellerini veya taşları kullanmak yerine av için silahlar yapmayı öğrendiler. Ayrıca yemek toplamak ve depolamak için kapları kullanmayı öğrendiler. Zamanla, insanoğlu hayatta kalabilme şansını daha da artıran zekâsını kullanmayı geliştirdi. Böylece, aşamalı olarak insanoğlu dünyanın hâkimi oldu.

Yemek üretimini artırmak ve barınak inşa etmek için alet kullanma becerisi biz insanoğluna diğer varlıklarda olmayan eşsiz bir olanak sağladı. Kendimizi doğanın diktesine uymak için değiştirmek yerine, çevremizi kendi ihtiyaçlarımıza göre değiştirmeyi keşfettik. O andan bugüne, bu keşif insanoğlunun evriminde anahtar unsur oldu.

Etrafımızdakileri kendi arzularımıza uyması için değiştirebileceğimizi fark etmemiz insanoğlunun geleceğini ebediyen değiştirdi. Artık doğaya değil, kendi becerikliliğimize bağımlıydık. Bu uç nokta bugün "medeniyet" diye ifade ettiğimiz olgunun doğumuydu.

Dr. Michael Laitman

Kendinizi Kurtarın

Medeniyetin doğması 10 bin sene önce oldu ve güzeldi. Av aletlerimizi geliştirdik, tarımı ilerlettik, tekerleği bulduk, yaşamı neşe içinde daha iyiye doğru ilerlerken gördük. Hayatlarımızı sürekli olarak geliştirme kabiliyetimizdeki tek aksaklık, bu kabiliyetin bizi olduğumuzdan daha üstün hissetmemizi sağlamasıydı, kendimizi doğadan üstün hissetmeye başladık ve bu his, bütün sorunların kökünün kanıtıydı.

BÖLÜM 4

İKİ ARZUNUN GİZLİLİĞİ

Dr. Michael Laitman

Kendinizi Kurtarın

İKİ ARZUNUN GİZLİLİĞİ

Bir önceki bölümde, verme arzusunun maddeyi yarattığını ve alma arzusunun ise buna şekil verdiğini söylemiştik. İnsanoğlu bu kuralın dışında değildir; hayat enerjimizi verme arzusundan alırız ve alma arzusu tarafından şekillendiriliriz. Enerji ve yaşamı alma arzusundan değil ama verme arzusundan aldığımız gerçeğini bilmezden gelmeye başladık.

İnsanoğlu özel bir türdür, çevremizi kendi çıkarlarımız için değiştirmeyi keşfettiğimiz andan itibaren artarak ilerleyen yanıltıcı yollar geliştiriyoruz. Fiziksel gücümüz yerine zekâmızı kullanarak aldığımız hazzı artırabileceğimizi öğrendik.

Bunu daha etkin biçimde artırmak için, doğanın hangi bölümünü ne zaman ve nasıl değiştirebileceğimizi bilmeye ihtiyacımız var. Mesela, tarım doğanın değiştirilmesidir çünkü vahşi arpaları kopartmak yerine, onları evcilleştirip, bir arazide büyütüp, daha çok üretip daha kolay toplayabiliyoruz. Ancak çevreye zarar vermemek ve doğanın genel dengesini tehlikeye atmamak için çiftçiler birçok sayısız bilgiyi göz önüne almalıdırlar.

Bu dengeyi koruyabilmek adına, çevreyi oluşturan tüm elementlerin, birinci ve en önemlisi, verme ve alma arzularının ve ne şekilde birbirlerini etkilediklerinin farkında olmamız şarttır. Aksi takdirde, güçlü ve sarsılmaz bir temel yapmayı bilmeden bir ev inşa etmeye veya o evde

kaç kişinin yaşayacağını bilmeden oda sayısı planlamaya çalışmış gibi oluruz.

Bu iki arzunun etkileşiminin aklımıza gelmemesinin nedeni bizim oluşumumuzun kökü olması ve bundan dolayı bilinç seviyemizden dahi daha derinde bulunmasıdır. Ancak bu arzuların kendi aralarında nasıl etkileştiklerini anladığımız zaman, bu bilgiyi pratiğe döker ve bundan ne şekilde yararlanabileceğimizi keşfedebiliriz.

Aynı zamanda, hayatımızı bu iki arzuyu da hesaba katarak inşa edersek, sağduyumuz çoğu zaman sorgulanacaktır. Kendimizi, tek isteği almak olan, alma arzumuzun hiçbir anlam veremediği tavırlar ve eylemler içinde buluruz. Mesela; tanımadığımız, umursamadığımız ve karşılığında bir şey alamayacağımız birine bir şey vermek bize ne fayda sağlayabilir ki? Bu benim alma arzuma bir şey ifade etmez.

Bunu yaptığımı zaman realitenin diğer yarısını öğreneceğimi-verme arzusu-ve yaşamı oluşturan bu kuvveti anlayacağımı tavsiye etseydiniz, büyük ihtimalle söylediklerinizin değerini onaylamak yerine sizin bir doktora görünme ihtiyacınız olduğunu söylerdim.

Düşündüğünüz zaman, Babil hükümdarı Nemrut'a empati kurmak çok kolaydır. Her ihtimale karşı başkaldıran Hz. İbrahim'den kendi çıkarlarını korumaya çalışmıştır. Hz. İbrahim, Babil halkına artan düşmanlık ve ayrımcılığın çaresi olarak birleşmeyi tavsiye etti. İnsanlar arasındaki

yakınlığın yok olmasındaki tek sebebin yaşamı oluşturan verme arzusunun farkına varmamaları olduğunu anlattı. Anlattığı şeyi bilselerdi, birbirleriyle daha dengeli ilişkiler kurar ve realitenin tümünü iki arzuyla beraber tecrübe etmenin meyvelerini toplarlardı.

Hz. İbrahim haricinde Babil'de hiç kimse bu keşfi yapacak kadar şanslı olmadığı için Hz. İbrahim kurtarıcı olmak yerine garip ve değişik göründü. Nemrut Hz. İbrahim'in görüşünü anlamsız bulmak dışında, nüfuzundaki yaşamı tehlikeye attığını düşündü. Saygıdeğer ve bilinen bir putperestin oğlu olması Nemrut'u daha da endişelendirdi. Halk mutlu bir şekilde putlarına tapıyordu ve Nemrut bu gidişatı bozmak istemedi. Halkın artık sayılı mutlu günleri kaldığını göremedi.

Bundan dolayı, Nemrut inkâr yoluna gitti ve nüfuzunun çoğunluğu da nihai sonları olacak bu yolu takip etti.

> Kendinizi Kurtarın
>
> Dr. Michael Laitman

ANNESİZ BİR ÇOCUK GİBİ

Verme arzusunu göz ardı etmemizin neden çok yıkıcı olduğunu anlamamız için, verme ve alma arzusu arasındaki ilişkiyi, bir anne ve çocuğu arasındaki ilişkiye benzetebiliriz. Sağlıklı bir ilişkide, bebek annesini bilir ve aç olduğu, yorgun olduğu veya üşüdüğü zaman kimden yardım alabileceğini de. Ama, ya bebeğin annesi yok ise? İhtiyacını karşılamak için kime dönebilir? Kim onu besler, korur ve sever? Bu durumda kendi başının çaresine bakmak zorundadır. Bu zavallı çocuğun hayatta kalabilme şansı ne olabilir?

Nemrut'un 4000 sene önce Hz. İbrahim'i Babil'den kovduğu o kader gününden bugüne, insanlık annesiz bir çocuk gibi hayatını idame ettirmeye çalışmaktadır. Bir şekilde hayatta kalabildik ama kendimizi verme arzusundan, bizi ve evrenin geri kalan kısmını besleyen, hayat veren bu kuvvetten ayrı bıraktık..

Annesiz bir çocuk gibi, hidayetten yoksun bırakılmış deneme yanılma yöntemiyle hayatta kalmayı öğreniyoruz. Sürdürülebilir bir hayat düzeni bulmak için harcadığımız çabalar içinde bizler klanlar, kölelik, Yunan demokrasisi, feodalizm, kapitalizm, komünizm, modern demokrasi, faşizm ve hatta Nazizm içinde yaşamayı denedik. Din, mistisizm, felsefe, bilim, teknoloji, sanat ve aslında insanlığın tüm sorumluluk alanlarında bilinmeyenden olan korkularımızı teselli arayışına gittik. Tüm bu ideolojiler ve arayışlar bize mutlu bir yaşam vaat etti ama hiçbiri bu vaadi yerine getiremedi.

Verme arzusundan ve doğadaki diğer tüm öğelerin de yaptığı gibi onunla uyum ihtiyacından habersiz, yalnızca alma arzusuyla hareket ettik. Böylece sömürü ve zulmün kol gezdiği deforme olmuş toplumlar yarattık.

İnsanlığın modern tıp, verimli besin ve enerji üretimi gibi pek çok önemli ilerlemelerde bulunduğu da bir gerçektir. Fakat ilerledikçe kazanımlarımızı daha kötüye kullanıyoruz ve bu da sosyal adaletsizliğe ve aramızdaki ayrılıkların artmasına neden oluyor.

İnsan toplumunun deforme ve adaletsiz oluşu kimsenin hatası değildir. Verme arzusundan habersiz, hayatta tek bir seçenek ile baş başa kaldık: mümkün olduğunca her şeyi alabilmek. Bu nedenle, bugün sömürülenler, yarın iktidarda olunca sömüreceklerdir çünkü yalnızca alma arzusuyla çalıştığımız zaman, tek istediğimiz almak olacaktır.

BÖLÜM 5

AÇGÖZLÜ İNSANOĞLU

Dr. Michael Laitman

Kendinizi Kurtarın

AÇGÖZLÜ İNSANOĞLU

Tehlike içinde olan dünyamız, insanın verme arzusunu kayda almasındaki eksikliğin üzücü bir sonucudur. Aksine, doğanın geri kalanı bu iki arzunun ahenginin muazzam bir dışa vurumudur. Dünyamızın türlü ekosistemlerinde her canlının kendine has bir rolü vardır. İçinde tek bir elementin kayıp veya yetersiz kaldığı durumda bile, bu bir mineral, bir bitki veya bir hayvan olabilir, sistem eksik kalır.

2003 yılının Ekim ayında, Irene Sanders ve Judith McCabe Phd, tarafından Amerika Birleşik Devletleri Eğitim Bakanlığına sunulan göz açıcı raporda, doğanın dengesini bozduğumuz an neler olduğu anlaşılır örneklerle açıklanmıştır: "1991 yılında, orka, katil balina, su samuru yerken görüntülendi. Orkalar ve su samurları genellikle barış içinde bir arada bulunurlar. Peki, ne olmuştu? Ekolojistler okyanus levreği ve ringa balığının sayılarının azaldığını buldular. Orkalar bu balıkları yemez fakat ayı balığı ve fok balıkları yerler. Orkaların genelde yedikleri popülâsyonları azalan fok ve ayı balıklarıdır. Fok ve ayı balıklarından mahrum kalan orkalar, akşam yemeği için oyuncu su samurlarını seçtiler.

Su samurları hiçbir zaman yemedikleri bir balık türünün ortadan kalkmasından dolayı yok oldular. Dalga yayılmaya başladı bile, su samurlarının yediği denizkestanelerinin nüfuzları, su samurlarının yok olmasından dolayı patlama yaptı. Fakat denizkestaneleri yaşamlarının deniz tabanındaki deniz lahanasının üzerinden sağlarlar, bu yüzden deniz lahanasını yok ettiler. Deniz lahanası

31

martı ve kartalların yediği balık türünün evi olmuştu. Orkalar gibi martılar başka besin kaynağı buldular ancak kartallar bulamadı ve şu an tehlikedeler.

Tüm bunlar okyanus levreği ve ringa balığının azalmasıyla başladı. Neden? Japon balina avcılarının morinaya benzer bir tür balık olan, polakları besleyen mikroorganizmaları yiyen balina türlerini avlamasından dolayı. Yiyebilecekleri çok balık olduğundan, polak gelişti. Fok ve ayı balıklarının besini olan levrek ve ringa balıklarına saldırmaya başladılar. Fok ve ayı balıklarının azalmasıyla, orkalar su samurlarını avlamaya başladılar."

Nitekim gerçek sağlık ve mutluluk yalnızca organizmaları veya sistemleri meydana getiren tüm parçaların denge ve ahenk içinde olduğu zaman elde edilir. Henüz yaşamdaki diğer kuvvetin, veren kuvvetin, varlığından o kadar habersiziz ki, bu dengeyi kuramıyoruz veya "sağlıklı" olmanın ne demek olduğunu bile olumlu bir biçimde tanımlayamıyoruz.

Britannica Ansiklopedisi'nde sağlığın tanımı bizi şaşkına çevirmeye yetiyor:
"Sağlığın tanımı sağlıksız (hastalığın olmasıyla eşit tutulabilinir) olmanın tanımından daha zordur çünkü sadece hastalığın eksikliğinden daha pozitif bir kavram ifade eder."
Yaşamın pozitif kuvvetini algılayamadığımız için pozitif bir varoluşu tanımlayamıyoruz.

Hepimizin hayalleri vardır ve hepimiz onların gerçeğe dönüşmesini arzu ederiz. Ancak üzüntü verici gerçek ise hayallerimizi gerçekleştirdiğimiz anda yeni bir hayalin

gerçekleştirdiklerimizin yerine geçeceğini hiçbir zaman hissetmememizdir. Bu nedenle hiçbir zaman tatmin olamayız. Para, şöhret, güç ve bize keyif verdiğini düşündüğümüz her şey için mücadele ettikçe, daha tatminsiz ve daha kırgın oluruz.

Bu yüzden, daha çoğa sahip oldukça, daha çok hayal kırıklığı ve hüsran yaşarız çünkü mutluluğu yakalamak için bir öncekinden daha çok deneriz ve daha acı bir şekilde daha çok başarısız oluruz. Bu da genelde zengin ülkelerin neden daha yüksek depresyon oranından zarar gördüklerini bize açıklıyor.

İşe bakın ki, depresyonun pozitif bir yönü de var. Bu bizim, Nemrut'un yalnızca alma arzusuna odaklanma yolunu bıraktığımızın bir göstergesidir. Depresyona girmiş insanlar gelecekten mutluluk beklentisi olmayan insanlardır. Onlar mutluluk için yeni bir deneme yemine kapılmayacak kadar hayatta başarısızlık tecrübesi edinmiş kişilerdir. Depresyonlarını iyileştirmek için yalnızca realitenin diğer yarısının farkına varmalarına ihtiyaçları vardır, "veren yarısına." Eğer biz bu insanlara başından beri bir hava boşluğundan, nasıl vereceğini bilmeyen ve yalnızca nasıl alacağını bilen bir kuvvet olan alma arzusundan, mutluluk çıkarmaya çalıştıkları gerçeğini görmeleri adına yardım edersek, onların depresyonda kaybettikleri umut ve enerjilerini geri almalarını sağlayabiliriz.

Aslında, realite iki ayaklı bir yaratıktır ve biz şimdiye kadar yalnızca birini kullandık. Peki neden realite aksak olduğu için şaşırıyoruz?

BÖLÜM 6

HÜCRESEL BİRLİK

Dr. Michael Laitman

Kendinizi Kurtarın

HÜCRESEL BİRLİK

Rainier Dağı'ndaki Josh ve ben gibi, insanlık da nesiller boyu vahşi doğada kaybolmuştur. Josh ve ben gibi, insanlık da yaklaşan sorunun ilk uyarı işaretlerine kulak asmamıştır. Ve Josh ve ben gibi, insanlık elindeki araçlara güvenerek yol almaya devam etmiş, sisin (veya katarakt) gözlerimizi kapadığı gibi realitenin diğer yarısına kör kalmıştır. Bu yüzden bugün küresel ve muazzam bir kriz yaşıyoruz.

Fakat çektiğim kişisel çilenin en çok hatırda kalan kısmı, krizden çıkmanın tek yolunun birliktelik olduğudur. Bu sefer, bu gerçekten de herkesin hayatta kalabilmesi için gereklidir veya hiç kimse için.

Ortalama bir yetişkin vücudunda 10 trilyon hücre vardır. Yan yana koyduğumuzda, dünyayı 47 kere çevreleyebilir. Bir tanesi dahi kendi için çalışmaz ve bağımsız değildir. Tam tersine, hepsi mükemmel bir ahenk içinde vücuda destek olmak ve ayakta tutmak için bazen hayatları pahasına dahi olsa çalışırlar. Bunun sonucu olarak farkındalıkları hücre zarlarınyla sınırlı kalmayıp, tüm vücudu kapsar. Hücreler arasındaki ahenk sağlıklı bir vücudun mükemmel ve güzel bir makine haline gelmesini sağlar.

Sağlıklı bir vücutta öyle bir etkili onarım mekanizması vardır ki, bir hücre dahi görevini ihmal etse, vücut hücreyi tespit eder ve daha sonra iyileştirir veya

> Kendinizi Kurtarın

Dr. Michael Laitman

yok eder. Vücudun hâkimiyetine boyun eğmeyen herhangi bir organizma oluşturulamaz, bunun nedeni organizmanın hücrelerinin tüm vücudun menfaati için çalışamayacağı ve işbirliği içine giremeyeceğidir.

Hatta vücut yerine kendi için çalışan hücrelere "kanser hücresi" denir. Bu tür hücreler bölünme başarısı gösterirse, kişide kanser gelişir. Kanserin sonucunda her zaman tümör yok olur. Bilinmeyen ise, tümörün ilaçlar veya vücut tarafından mı yok edildiği veya kendini yok ederek vücudu mu öldürdüğüdür. Farkında olarak veya olmayarak, bütünün ihtiyaçlarını göz ardı ederek, kendimiz için hareket ettiğimiz zaman, vücuttaki "insanlık" adı verilen kanser hücreleri oluruz.

Çevremizi kendi ihtiyaçlarımız için değiştirebileceğimizi fark etmeden önce doğanın çağrısıyla birlikte doğuştan gelen ahenkle insanlık içinde sağlıklı hücrelerdik. Fakat ne zaman doğayı kendi çıkarlarımız için "bükebileceğimizi" fark ettik, kendimizi bu ahenkten ayırdık. Bundan dolayı, doğanın dengesini bozmaktan kaçınmak için, bilinçli bir şekilde doğayla uyum içinde olmamız gereklidir.

Ancak, bunu yapmayı becermiş değiliz hâlâ. Çünkü verme ve alma arzusunun arasındaki etkileşimin farkında değiliz, doğanın her zaman imtiyazlı ve davranışlarımızdan bağımsız, bizim için var olacağına inanıyoruz.

Karışık ve entegre sistemlerde kural, sistemin belirlemesi ve kişinin buna uymasıdır, vücut içindeki hücreler gibi. İnsanlık sayıca büyümeye ve kompleks toplumlar oluşmaya başladı, entegre sistemler kuralına uyma ihtiyacımız daha baskıcı olmaya başlamıştır.

NEMRUT'UN YOLU

Doğal olarak, Nemrut Hz. İbrahim'in sunduğu entegre olmuş sistemlerin kuralını kabul etmek istemedi. Babil'in hükümdarı idi ve halkından bir kişi ona, dünyanın en büyük topraklarının hükümdarına, kendisinden daha büyük bir kurala boyun eğmesini istiyordu.

İnsanoğlunun doğasının egoizm olduğu gerçeğiyle, Nemrut atalarının ve kendisinin yürüdüğü bu yolun yanlış olduğunu ve değişimin gerekliliğini kabul etmedi. İnsanlığın bu noktaya kadar inşa ettiği yolu korumak için Nemrut'un riski bertaraf etmeye çalışmaktan başka çaresi yoktu. İnsanlığın silahı bulmasından bugüne kullandığı yolu seçti ve Hz. İbrahim'i yok etmeye karar verdi.

Her ne kadar Hz. İbrahim'i öldürmeyi başaramamışsa da, kendisini Babil'den kovdu. Ancak, Nemrut'un Babil'i entegre sistemlerin kuralını kullanmadan ayakta kalamayacak kadar büyük bir şehirdi. Babilliler, halkın nasıl birleşmesi gerektiğini bilemeden, alma arzularıyla hareket ederek, bir arada duramadı ve muhteşem şehir dağıldı.

BÖLÜM 7

DAĞDAN İNİŞ

DAĞDAN İNİŞ

Josh ve ben Rainier Dağı'nda birbirimizden ayrılmış olsaydık, bugün bu kelimeleri yazıyor olamazdım. Şanslıyım ki, arkadaşlığımız hâlâ sürüyor. (Şu gerçeği de unutmadan; yalnızca bir pusula ve haritamız vardı, başka bir opsiyonumuz da yoktu). Birbirimize bağlılık sözünü verdiğimiz andan itibaren, sanki yolu bulmuşçasına büyük bir rahatlık hissettik.

Kuşkusuz, tepeden inmek o kadar da kolay olmadı. Dizlerimin yeniden düzelmesi için aylar geçmesi gerekti, belim ise hiçbir zaman eskisi gibi olamadı. Ama bir diğerimizin iyi olduğuna emin olmak için sürekli kontrol ederek tehlikeli dağ yamacından dikkatlice kayarken sahip olduğumuz birliktelik hissine daima çok değer vereceğim.

Birkaç dakikalık düşüşten sonra, kendimizi güneş ışığını emen çok sık bir ormanda bulduk. Arkamızda dağ, uzakta ve aşağımızda geçidin alt kısmı gözüküyordu. Ve biz hayal bile edemeyeceğim bir eğimdeki bir yamaçtan hızla aşağıya doğru birlikte iniyorduk. Zaman zaman tümsekteki dikleşmiş kayalarda dizlerimi dinlendirmek için durup, gözlerimi ağaçlara dikip huşu içinde "bunlar yere çiviyle bağlanmış olsa gerek, başka türlü hiçbir şekilde ayakta duramazlar" diye düşündüm.

Bizler düşmemek için toprağa tırnaklarımızla asılı kaldığımız anlarda, aramızdaki bağın kuvveti bize destek oldu. Bugün bu bağ sayesinde kurtulduğumuzu biliyorum.

Kendinizi Kurtarın

Dr. Michael Laitman

Çocukken sevdiğim bir şarkı, 'yalnızca dağdayken gerçek arkadaşının kim olduğunu anlarsın,' derdi. Şimdi bu şarkının kesinlikle ne anlama geldiğini biliyorum.

Fakat bugün yaşadığımız krizi çözmek için ihtiyacımız olan bağlılık arkadaşlar arasında olan bağlılığın çok ötesindedir. İnsanlığın tüm parçalarının birleşmesi birkaç maceracının hayatlarını kurtarmaktan çok daha derin gerekliliklere sahip bir süreçtir. Birleşmeye olan ihtiyacımız, birleşmek daha eğlenceli olduğu için değil (öyle de olabilir), ona olan ihtiyacımızın nedeni bir milenyum boyunca kayıtsız kaldığımız doğanın bir parçası olan verme arzusunu keşfetmemiz gerekliliğidir, onu da keşfetmenin tek yolu ona benzemeye çalışmaktır. Ona benzemeye çalıştığımız zaman, bir anda onun hayatımızın her anında var olduğunu keşfederiz, hücrelerimizden aklımıza kadar.

Duyarlı varlıklar olarak, bir şeyin varlığını yalnızca hissettiğimiz an algılarız. Biz verme arzusundan oluşan bir okyanusun içinde yaşıyoruz ancak bu arzuyu elle tutulur biçimde bir mutluluk "kıyafeti" giydiği zaman hissedebiliriz. Doğal olarak objelerden veya yaşam sayesinde karşılaştığımız olaylardan kaynaklanan mutluluğa odaklanırız ancak hiçbir zaman orada yalnızca alma arzusu bulunmaz. Onun yerine bulunan şey iki arzunun bileşimidir: verme arzusu yeni bir haz ihtimalini yaratır, alma arzusu ise bu hazza biçim verir, lezzetli bir pasta, yeni bir arkadaş, âşık olmak veya para kazanmak gibi.

Fakat bugünlerde hissettiğimiz verme arzusuna olan ihtiyaç sıradan bir ihtiyaç değildir. Bu arzu seks,

Dr. Michael Laitman

Kendinizi Kurtarın

para, güç ve ün için değildir. Bu sefer, bu bağlanmışlık için olan arzudur. Bu, internetteki sosyal ağların çığ gibi büyümesinin altında yatan nedendir. İnsanların bağlanması gerekli çünkü kendilerini şimdiden bağlanmış hissediyorlar, şimdi yalnızca ihtiyaçlarını doğru bir şekilde karşılayacak bir bağlanma yolunu bilmeleri gerekli. Ancak tamamıyla bağlanmayı hissetmenin tek yolu tüm bireyleri birlik içinde tutan kuvveti, verme arzusunu çalışarak olur.

Daha fazla gürültü çıkarmadan, verme arzusunu nasıl yaşamlarımıza getirebiliriz ona bir göz atalım.

Dr. Michael Laitman

2. KISIM

DOĞADAN ÖĞRENMEK

Hataları düzeltmenin en emin yolu işleri doğru yapan birisinden öğrenerek olur. Bizim durumumuzda, doğa bizim örnek alacağımız modeldir, kanıtlanmış bir başarıdır, bu yüzden öğretmenimiz o olmalıdır.

BÖLÜM 8

ORMANDAN ÇIKIŞ YOLU

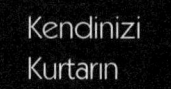

Dr. Michael Laitman

ORMANDAN ÇIKIŞ YOLU

Verme arzusunun hayatımıza ne şekilde girmesine izin vereceğimizi görmek için, doğanın bu işi nasıl yaptığına bir göz atalım. Dış dünyayı duyularımız sayesinde algılarız ve duyularımızın sunduğu bu realite resminin güvenilir ve kesin olduğuna inanırız. Ama gerçekten öyle midir?

Kaç kere arkadaşımızla yürürken onun duyduğu bir şeyi bizim duymadığımız olur? O sesi duymuyor olmamız, onun olmadığı anlamına gelmez. Bu, duyularımızın o sesi almadığı veya dikkat etmediğimiz anlamına gelir. Veya arkadaşımız halüsinasyon görüyordur!

Bu üç olasılıkta objektif realite aynıdır ancak bizim algımız aynı değil. Diğer bir deyişle, asıl realitenin neye benzediğini veya gerçekten var olup olduğunu bile bilemeyiz. Bildiğimiz tek şey onu ne şekilde algıladığımızdır.

Peki, o zaman nasıl algılıyoruz? "Formların eşitliği" ile en iyi şekilde tanımlanabilen bir proses (süreç) kullanıyoruz. Her bir duyumuz değişik bir tipteki uyarıya karşılık verir ama tüm duyularımız aynı şekilde çalışır. Bir ışık süzümü gözbebeğine nüfuz ettiği anda, retinadaki nöronlar dışarıdaki görüntünün bir modelini yaratır. Bu model daha sonra kodlanır ve sinyallerin kodlarını çözen ve görüntüyü yeniden düzenleyen beyne transfer olur. Kulak zarımıza bir ses çarptığında veya tenimize bir şey değdiğinde benzer bir proses meydana gelir.

Başka bir deyişle, beynim duyularımı kullanarak dışarıdaki objenin bir modelini veya şeklini yaratır. Fakat eğer benim modelim hatalı ise, bunun hiçbir zaman farkında olamam ve dışarıdaki objenin veya sesin zihnimde oluşturduğum model ile aynı olduğuna inanırım.

Formların eşitliği prensibi yalnızca duyularımız için değil aynı zamanda davranışlarımız için de geçerlidir. Örnek olarak çocuklar etraflarında gördükleri davranışları tekrar ederek öğrenirler. Buna "taklit etme" deriz. Dil bilgisi kabiliyetinden yoksun ve doğdukları dünya hakkında sabırsız şekilde bilgi sahibi olmak isteyen çocuklar taklit etmeyi oturmak, ayakta durmak, konuşmak ve çatal bıçak kullanmak gibi yeteneklerini geliştirmede bir araç olarak kullanırlar. Konuştuğumuz zaman, dudaklarımızın nasıl hareket ettiğini izlerler. Bu nedenledir ki ebeveynlere çocuklarıyla anlaşılır bir şekilde konuşmaları tavsiye edilir (ama yüksek sesle değil, çünkü bizden daha iyi duyarlar). Bizi taklit ederek, çocuklar bizim sahip olduğumuz formları (hareketler veya sesler) oluştururlar ve böylece yaşadıkları dünyayı öğrenirler.

Aslında bu şekilde öğrenen yalnızca çocuklar değildir, tüm doğa formların eşitliği yoluyla öğrenmenin etkinliğinin bir kanıtıdır. Aslan yavrusunu oynarken izlemek çok heyecan vericidir. Tuzak kurmak için diz çökerler, birbirlerine gençliğin verdiği coşkuyla saldırırlar. Gölgeden böceklere, antiloplara her şeye gizlice yaklaşırlar. Gerçekten bir şeyleri yakalamalarının bu safhada biraz tehlikesi vardır ama onlar için bu yalnızca bir oyundan ibaret değildir. Avcının rolünü üstlenerek, yetişkin olduklarında yapmak

Kendinizi Kurtarın
Dr. Michael Laitman

zorunda olacakları bir ödevi dışa vururlar. Oyun, içlerindeki avcıyı hayata geçirmenin bir yoludur. Bu olmadan hayatta kalamazlar çünkü kendilerini besleyecek ve güç verecek olan avı ne şekilde yere indireceklerini bilemezler.

Verme arzusunu algılamak istiyorsak bütün yapmamız gereken onun bir resmini içimizde yaratmaktır. Düşüncelerimizi ve arzularımızı dikkatlice gözden geçirirsek, verme eylemini uygularken içimizde doğada bulunan verme arzusuna eşdeğer bir arzu keşfederiz. Çocukların doğal olarak konuşmayı sesleri ve heceleri taklit ederek keşfettiği gibi, biz de vermeyi taklit ederek verme arzusunu keşfederiz.

Doğanın yaptığı gibi verme ve alma arzusunu uyum içinde yönetmeyi bilmek biraz zaman alabilir ama pratik yapmak mükemmel bir yoldur ve başarmamızı sağlayacaktır. Bunu yaptığımız anda, yaşamlarımızdaki sınırsız açığa vuruşların akışı o kadar zengin ve derin olacaktır ki, hayret içinde bugüne kadar nasıl bu kadar kör olduğumuza yanacağız.

Bugünün dünyasında verme arzusunun görevine daha fazla kayıtsız kalamayız. İnsanların birbirine olan zıtlıklarını engellemek için taşındıkları ve başka topraklara yayıldıkları bir şehir olan Babil'de değiliz. Dünyanın her köşesine nüfuz ettiğimizden dolayı gidecek hiçbir yerimiz kalmadı. Buna ek olarak, birbirimize o kadar sıkı bağlandık ki, çırpılmış bir yumurtayı çırpılmamış haline sokmak bile, küresel bağımızı bozmaktan daha kolay olurdu.

Dr. Michael Laitman

Kendinizi Kurtarın

Ve bu kötü bir şey değildir. Küresel bağlantılar olmasa, Hindistan veya Çin'den gelen ucuz malları nerden alabilirdik? Oradaki işçilere ekmek paralarını kim verebilirdi? Dünya ekonomisinin dev bir darboğaza girdiği bu dönemde, küreselleşme düzgün bir şekilde kullanıldığı takdirde nasıl yararlı olabileceğini görebiliriz.

Aslında dünya Babil zamanındakiyle aynı mega şehir ama şu anda mega şehrin küresel çapta olanıyız. Bir yerlere dağılma gibi bir şansımız yok, ya bütünleşmek veya birbirimizi yok etmek zorundayız. Biz tek bir bütünüz, tek vücut ve her birimiz bize düşen kısmı yerine getirmeyi öğrenmeliyiz. Bu görevi her erteleyişimizde, bizler ve yaşadığımız toplum daha sağlıksız olacaktır.

Bu yüzden, kendimizi mahvetmek yerine, gelin hep birlikte bu krizden birlikte çıkacağımıza dair karar verelim. Rainier Dağı'nda, Josh ve ben stres altındayken birbirimizden çok da hoşnut değildik ama sanki öyleymişiz gibi davrandık. Bu bizi şaşırttı ama işe yaradı.

Dağda, yalnızca ikimiz vardık. Oturup birbirimizle konuşabiliyorduk. Bunu küresel boyuta taşımak için, küresel boyutta birliktelik kavramını anlatabileceğimiz araçlara ihtiyacımız var. Bu maksatla, şimdi medyaya bir göz atalım.

BÖLÜM 9

ÖNEMSEYEN MEDYA OLUŞTURMAK

Dr. Michael Laitman

Kendinizi Kurtarın

ÖNEMSEYEN MEDYA OLUŞTURMAK

Medya toplumdaki yabancılaşmayı dostluğa çevirecek anahtar rolü üstlenmelidir. Medya dünya hakkındaki her şeyi bize sunar. Ailemiz veya arkadaşlarımızdan edindiğimiz bilgiler dahi medya aracılığıyla bize ulaşır. Fısıltı gazetesinin bir çeşit modern versiyonudur.

Bize insanlar hakkında kabul edeceğimiz veya etmeyeceğimiz ilgi çekici haberler sunarlar ve biz de görüşlerimizi medyada okuduğumuz, duyduğumuz veya gördüğümüz kadarıyla şekillendiririz. Medyanın toplum üzerindeki etkisi rakipsiz olduğu için, medya birliktelik ve bağlılık kavramlarına dönerse, dünya da onu takip edecektir.

Üzücü bir şekilde, finansal krizin patlak vermesine kadar, medya başarılı bireyler, medya patronları, mega pop yıldızları ve rakiplerini yok etmek pahasına milyonlar ve milyarlar kazanmış başarılı bireylere odaklandı. Yalnızca bugünlerde, krizin filizlenmesiyle, medya merhamet ve bağlılık eylemlerini görüntülemeye başladı. 2009 yılı Mart ayında yardım kuvvetlerine katılan Argo, North Dakota'daki binlerce gönüllünün Kızıl Nehir'deki tarihin en büyük taşmasını durdurmak için siper yapma çabasını görüntülediği gibi.

Bu eğilim memnuniyet verici olsa da, tek tük ve anlık çabalar insanları birbirine yaklaştırmak için yeterli değildir.

Kendinizi Kurtarın

Dr. Michael Laitman

Gerçekten de dünya görüşümüzü değiştirecek, verme arzusunun var olduğunun farkında olmamızı sağlayacak ise, medyanın realitenin tüm resmini sunması ve yapısı hakkında bizleri bilgilendirmesi gereklidir. Bu amaçla, medya verme arzusunun doğanın her seviyesini - cansız, bitkisel, hayvansal ve insan- ne şekilde etkilediğini gözler önüne serecek ve insanların buna benzemesi için teşvik edecek programlar oluşturmalıdır. Konukların kendilerini övdükleri talk show'lar yerine, başkalarını öven konukların olduğu şovlar neden olmasın? Nihayetinde bizler de yalnızca bu tür programları onaylayarak ve toplumun dikkatine sunarak çoğalmasını sağlayabiliriz.

Eğer medya insanların birbirlerine olan şefkatine odaklanırsa ve bu tür görüntülerin verme kuvvetini yaşamlarımızın içine almamıza yardım ettiğini anlatırsa, bu toplumun odak noktasını bencillikten dostluğa doğru kaydıracaktır. Bugün, en bilinen görüş şu olmalıdır: "Bağlılık çok eğlenceli, hadi sen de partiye katıl."

Toptan bir hüküm verme riskini de göze alarak, düşünmemiz gereken bazı gerçekler ve sayılar var. Televizyonlarımız ve bilgisayarlarımız Çin'de yapılıyor, arabalarımız Japonya, Avrupa ve Amerika'da, giysilerimiz Hindistan ve Çin'de. Ayrıca, hemen herkes Hollywood filmlerini izliyor, 2009 yılı sonunda Çin dünyanın en çok İngilizce konuşulan ülkesi olacak.

Ve gerçekten ilginç bir görüş daha; Facebook, sosyal ağ, dünya çapında 200 milyon aktif kullanıcıya sahip. Eğer

Dr. Michael Laitman

Kendinizi Kurtarın

Facebook bir ülke olsaydı, dünyadaki en büyük 5'inci ülke olurdu!

Aslında, küreselleşme bir gerçektir ve bize şimdiden bağlandığımızı gösterir. Buna karşı da çıkabiliriz veya bize sunduğu farklılıklardan, fırsatlardan ve bolluktan fayda da sağlayabiliriz.

Medyanın bize birlikteliğin bir hediye olduğunu gösteren sayısız yolları vardır. Her bilim adamının da bildiği gibi, doğada hiçbir sistem izole olarak işlemez ve dayanışma oyunun adıdır, bunun farkında olmasak da. Her organımızın vücudun yararı için nasıl çalıştığını gördüğümüz zaman, arıların kovanda nasıl işbirliği içinde olduklarını, balık sürüsünün dev bir balığın bile yanılmasını sağlayacak şekilde birlik içinde yüzüşünü, kurtların nasıl birlikte avlandıklarını ve şempanzelerin herhangi bir karşılık beklemeksizin diğerlerine ve hatta insanlara nasıl yardım ettiklerini, doğanın önde gelen kanununun ahenk ve birlikte varoluş olduğunu biliriz.

Medya bu tür örnekleri daha çok gösterebilir ve göstermelidir. Doğanın nasıl işlediğinin farkına vardığımız zaman, spontane olarak toplumlarımızı inceleyebilir ve bu ahenkle birlikte hareket edip etmediklerini görebiliriz.

Eğer düşüncelerimiz bu yöne doğru kaymaya başlarsa, değişik bir atmosfer yaratılır ve umut ve dayanma gücü daha uygulamaya başlamadan yaşamlarımıza girer. Neden?

Çünkü doğanın yaşam kuvveti olan verme arzusuyla aynı çizgiye geliriz.

Başkalarına bağlılığımızı daha çok hissedersek, mutluluğumuz onların bizim hakkımızda ne hissettiğine bağımlı olur. Eğer eylemlerimiz ve görüşlerimiz başkaları tarafından onaylanırsa, kendimizi iyi hissederiz. Eğer söylediklerimiz veya yaptıklarımız onay görmezse, kendimizi kötü hisseder ve bunları sosyal normlara göre yeniden düzenleriz. Başka bir deyişle, kendimizi iyi hissetmenin bizim için çok önemli olduğundan yola çıkarak medyanın insanların görüşleri ve eylemlerini değiştirmede kendine has bir konumu vardır.

Politikacılar dünyada en çok reytinge bağımlı olan insanlardır, yaşamları popülariteleriyle doğru orantılıdır. Eğer biz değerlerimizin değiştiğini onlara gösterebilirsek, onlar da bizim önderliğimizde kendilerini değiştireceklerdir. Ve hangi değerleri önemsediğimizi onlara anlatmanın en basit ve etkili yöntemi, televizyonda ne izlemek istediğimizi onlara göstermektir. Politikacılar yerlerini korumak isterler, onlara yerlerini koruyabilmeleri için, bizlere istediğimiz şeyi teşvik etmelerinin şart olduğunu göstermemiz gereklidir - birlik.

Ünlülerin kendini tatmin ettiği medya yerine, birlik, beraberlik ve uyumu teşvik eden bir medya oluşturduğumuz zaman, arzular arasındaki ahenk ve birliğin iyi olduğuna bizi ikna eden bir çevreyi yaratmış oluruz.

Dr. Michael Laitman

Kendinizi Kurtarın

AŞKIN SULARI

Bilge bir adamın bir zamanlar söylediği gibi, kalplerimiz taşlar gibidir, birbirimize yaptığımız iyilikler ise taşların tam ortasına akan sular. Sular yavaş yavaş kişinin kalbinin içinde aşkın bereketinin dökülebileceği bir çukur oyar.

Kitap boyunca anlattığımız üzere, verme arzusu yaşamdaki tüm hazların kaynağıdır ve alma arzusu ise bu hazlara şekil verir. Başkalarına iyilik yaparak, içlerinde sevilmekten daha çok haz alma arzusunu yaratırız.

Tabiî ki, hepimiz sevilmek isteriz ama çok azımız bunun tekrar olabileceğine inanır. Ancak toplu bir şekilde birbirimizi sevmek için karar alırsak, bunu gerçekten hissetmesek bile, sevginin mümkün olduğu inancını arkadaşlarımızın içinde alevlendirebiliriz. Ve onlar da bu sevgiyi geri verecektir, ama sahicilikle, çünkü yeniden yumuşamış kalplerinde bunu hissedeceklerdir.

Bunların hepsi bilimsel olmayan şeyler ve irrasyonel gibi gelebilir ama bu doğru olandır çünkü yaşamın en önemli iki kuvvetinin ahengi içindedir, verme ve alma arzusu. Alışık olmadığımız alanlara girerken her zaman biraz yardım alabileceğimiz gibi, başarı şansımızı artıracak birçok teknik de vardır. Bundan sonraki bölümler, uyum içinde olan bir dünyada neler olabileceğini sizlere anlatacaktır.

> Kendinizi
> Kurtarın

Dr. Michael Laitman

3. KISIM

DENGEYİ SAĞLAMAK

Aşağıdaki bölümler şu anda yaşanılan krizden ne şekilde çıkabileceğimizin altını çizecektir. Hayatımızın altı basit yönüne parmak basacak -sanat, ekonomi, eğitim, politika, sağlık ve iklim- ve verme arzusunu kendi yararımız için ne şekilde kullanabileceğimizin kılavuzunu sunacaktır.

BÖLÜM 10

SANATLAR YENİ TAVIRLARI NASIL MODELLEYEBİLİRLER

Kendinizi Kurtarın

Dr. Michael Laitman

SANATLAR YENİ TAVIRLARI NASIL MODELLEYEBİLİRLER

Hepimizi sanatın doğru olmadığını biliyoruz. Sanat doğruyu fark etmemizi sağlayan bir yalandır, en azından bizim anlamamız için verilen doğrudur. Sanatçı başkalarını yalanlarının doğruluğu konusunda ikna ederken aldığı tavrı bilmek zorundadır.

- *Pablo Picasso*

Medyanın kültürümüzdeki önemi tek başına gerekli olan ruh değişimini sağlayamaz. Düşüncemizdeki değişimin tamamlanması için aktörleri, şarkıcıları ve toplumun değer verdiği ünlüleri ve sevilen kimseleri sürecin içine katmamız şarttır. Yaptıklarını yalnızca televizyonlarda değil, internet yoluyla, sinemalarda, tiyatrolarda ve radyoda yayımlamak yeni mesajın yayılması için hayati önem teşkil etmektedir.

Sanatın, realitenin diğer yarısı olan verme arzusuna aşikâr olduğumuz zaman tam olarak nasıl gelişeceğini tahmin etmek zor. Daha önce geniş bir ölçekte denenmediğinden, birliğin ve vermenin rağbet gördüğü zaman bazı şeylerin ne şekilde ortaya çıkacağını söyleyemeyiz. Aşağıdaki fikirler sinema ve tiyatroda olabilecek değişimleri anlatacaktır ancak bu kurallar daha geleneksel olan resim ve heykel gibi sanat dalları için de uygulanabilir.

Görsel sanat tesir etmenin en güçlü şeklidir. Çevremizden aldığımız bilgilerin yaklaşık yüze 90'ı görsel bilgilerdir. Bu nedenle, dinlediklerimizi bile değiştirmeden önce düşüncelerimizdeki değişim ne gördüğümüzle başlamalıdır.

Görünüşte, birçok filmin konuları aynı kalabilir: haklı bir sebep için kavga, aşk hikâyesi veya trajedi bile. Ama her konunun arkasında ima edilen şeyin birlik mesajı taşıması gereklidir.

Bugün, sinemadan çıktığımızda veya DVD'yi kapattığımız zaman içimizde filmdeki kahramana imrenme hissi kalır. Çok nadiren film sonrası, bir fikir, kavram veya ideoloji için kafa yorarız. Film bir kavram iletse bile, ki bu çok sıklıkla olur, filmdeki görsel efektler, senaryo ve diğer faktörler kişinin tanımlanmasını sağlar, bir yaşam biçiminin değil.

Hasılat rekoru kıran filmlerin konularını incelersek malum sonuca ulaşabiliriz: kahramanlar satış yapar, fikirleri değil. Yakın geçmişe kadar bu geçerliydi ama bugünün realitesinde, insanlar filmlere kendi sorunlarını unutmak veya gelecek için güç ve umut toplamak ihtiyacıyla gidecektir. Doğru yapılırsa, bir sonraki büyük bir farkla galip gelecektir.

1950 ve 60'lı yılların filmlerini izlediğimiz zaman, bize çoğunlukla saf ve "gerçek hayattan" kopuk gelir. Çok geçmeden, izleyiciler günümüzde yapılan filmleri izleyecekler ve onları da dünyada olup bitenden bihaber bulacaklar. Başarıya ulaşmak için sanatın güncel durumu yansıtması şarttır ve bugünün mesajı birliktir veya verme arzusuyla alma arzusunun uyumudur.

Şimdiye kadar insanoğlunun gezegeni nasıl harap ettiğini anlatan ve günahları için kaosla, bitmeyen sıcak hava dalgalarıyla, savaşlar ve açlık sıkıntısıyla cezalandırıldığı kıyamet filmleri vardı. Fakat sanat kendini kıyamet fikirleriyle sınırlandırmamalıdır. Bunun yerine realitenin bütünü hakkında bilgi temin etmelidir, yaşamdaki iki kuvveti, nasıl etkileştiklerini, dengesini bozduğumuz ve muhafaza ettiğimiz zamanlar neler olduğunu anlatmalıdır. Aksi takdirde sanat ve özellikle çok popüler olan görsel sanat bizleri yaşamın iki kuvveti ve onları nasıl dengeleyeceğimiz hakkında bilgilendirme amacına ulaşamayacaktır.

Dr. Michael Laitman

Kendinizi Kurtarın

UMUT FİLMLERİ

İnsanların filmleri ve oyunları tekrar izlemesi için bir sebep vermek, konuların inanılır olması, geçerli bir umut ve pozitif değişimin gerçek ihtimalini sunmakla olur. Filmin başlangıç noktası güncel realitemiz olabilir, bizi bu duruma getiren şeyin ne olduğuna dair düşünce biçimlerini içermelidir. İnsanlar sinemayı hayatlarını iyileştiren bilgileri edinebileceği yer olarak keşfettiği zaman, filmlere akın edeceklerdir.

Çocuklarımıza yoldan geçmeyi, özenle ve sevgiyle tekrar tekrar nasıl yeşil ışığı beklemeleri gerektiğini anlattığımızı, yalnızca belirtilen yerlerde karşıya geçmeleri gerektiğini öğrettiğimizi bir düşünün. Bu hayati bir bilgidir, bu bilgi olmadan cesaret edip yolda yalnız başlarına hayatlarını riske atabilirler.

Bugün, doğada ve insanoğlundaki uyumu yeniden sağlamak aynı hayati öneme sahiptir ve gün geçtikçe buna olan talep artmaktadır.

Fakat bu değişimde hayatta kalabilmekten daha çok şey vardır. Bu kriz günlük hayatlarımızdaki sınırsız gelişimin sıçrama tahtasıdır. Bugüne dek, ne kadar alabileceğimize odaklandık. Aslında alma arzusu tarafından yönetildiğimizi bile bilmiyorduk, amacımız yalnızca mutlu olmaktı. Yaşamın yapısını oluşturan bu iki kuvvetin etkileşimini bilmediğimizden dolayı, mutluluğu hep yüzeysel seviyede aramaya devam ettik ve bunun için kalıcı haz ve mutluluğu tecrübe edemedik.

Kendinizi Kurtarın

Dr. Michael Laitman

Ancak yaşamın draması iki yolda ilerler (ikisi de birbirine ters ve paraleldir): İşbirliği ve kişisel tatmin. Tüm realitenin içinde, kişisel tatmin yalnızca başkalarıyla işbirliği yaparak mümkün olur.

Mesela, minerallerde değişik atomlar molekülleri oluşturmak için işbirliği içine girerler. Atomlardan birinin ayrılması, mineralin dağılmasına sebep olur.

Daha yüksek karmaşıklık seviyesinde, bitkiler ve hayvanlarda (insanlar dâhil), moleküller, hücreler ve organlar arasında işbirliği vardır. Bunlar farklı bir yaratığın oluşması için bir araya gelirler ve burada da bir molekülün eksik olması durumunda, yaratığın hasta olmasına veya ölmesine neden olur.

Hemen hemen aynı şekilde, bitkiler ve hayvanlar belirli coğrafi alanlarda ortak yaşam alanı oluştururlar. Beşinci bölümdeki orka ve su samuru örneğinde olduğu gibi bütün varlıklar ekosistemin dengesini sağlamak için katkı sağlarlar. Bir tanesinin bile sayısının azalması, dengenin bozulması anlamına gelir. Basitçe doğa kendine özgü olmayı destekler ve geliştirir, bu nedenle varlıkların kişisel tatminlerinin olabilmesi yalnızca işbirliği yaparak ve katkıda bulunarak mümkündür. Kendilerini çevreye zarar vermek uğruna geliştirmeyi istedikleri zaman doğa ya onları tüketir veya sayılarını zorla da olsa dengeler.

Doğanın bu kanununu uzun zamandan beri bilmemize rağmen, Dünya adı verilen ekosisteme ait değilmişiz gibi davranmaya devam ediyoruz. Daha kötüsü kendi aramızda bile, bir toplumun diğerinden üstün olduğunu hissediyoruz. Doğa

Dr. Michael Laitman

Kendinizi Kurtarın

açıkça gösterir ki, hiçbir şey gereksiz değildir ve doğadaki hiçbir parçanın diğerine bir üstünlüğü yoktur. Neden peki doğanın hiçbir parçasında olmayan bir imtiyaza sahip olduğumuzu düşünüp diğer insanlara ve canlı türlerine büyüklük taslayıp ezmek istiyoruz? Bu kibir eğer cehaletten değilse, nerden gelmektedir?

Bize güç ve bilgelik veren verme arzusu hakkında bilgisiz olduğumuz için, kendimizle ilişkilendiriyoruz. Eğer kendimizin de yaşamı oluşturan bu iki kuvvetinin ürünleri olduğunu bilseydik, doğanın bütünüyle birlikte nasıl gelişebileceğimizi bilirdik.

Bunları bize öğretebilecek ve işbirliği yaparak kişisel tatminin yararlarını bize gösterecek filmleri yapmak ne kadar zor olabilir? Düşünsenize, hepimizin diğer insanlarla bir bağı olduğunu bilseydik, başkaları tarafından desteklenseydik, her birimizin bir diğerinden isteği kendi potansiyelimizi maksimum şekilde kullanmamız olsaydı? Toplumdaki her birey tüm kabiliyetini toplum için kullansa ve toplumdan destek ve takdir alsa harika olmaz mıydı?

Sonuçta, bizim yaptığımız şey de bu değil mi zaten? Bilgisayar mühendisi bilgisayar yaparak topluma katkıda bulunuyor, temizlik işçisi de sokakları silerek. Hangisi toplum için daha önemli? Eğer kendi adımıza yaptığımız bazı eylemler sayesinde şu anda olduğumuz kişi haline gelmediğimizi ama bunun nedeninin içimizde işleyen muhteşem ve köksel güç olduğunu bilseydik, kendimizi her an kanıtlamak mecburiyetinde hissetmezdik. İnsanlığın bir parçası olduğumuz için haz duyardık. Birleşik ve aynı zamanda kendimize has olarak.

Bunu gösteren filmler olduğunu farz edin!

BÖLÜM 11

ŞARKI VE MELODİDE AHENGİ BULMAK

Dr. Michael Laitman

Kendinizi Kurtarın

ŞARKI VE MELODİDE AHENGİ BULMAK

"Yeni ses küresi globaldir. Diller, ideolojiler, sınırlar ve ırklar arasında büyük bir hızla dalga dalga yayılır. Bu müziksel Esperanto şok edicidir. Popüler müzik beraberinde grup dayanışmasına bağlı özel ve ortak sosyolojiler getirmiştir."

- George Stenier

Müzik en popüler sanat dallarından biridir ve yeni kavramlar için çok güçlü bir tanıtıcı olabilir. Bugün her zamankinden daha çok, rock ve hip hop gibi türler sosyal kavramları ifade etmede güçlü birer araç olmuşlardır. Beatles grubunun 1960'lı yıllarda yerli müziği tanıtmasından bugüne, etnik müzik etnik tanımanın ve kültürel entegrasyonun popüler bir aracı olmuştur. Aslında, küreselleşme müziğe hoş bir şekilde katkı yapar ve bugün çoğu müzisyen kendi anavatanları dışındaki kültürlerden gelen birçok çeşit müzik çalabiliyor. Bu nedenle, müzik okuduğunuz kitabın bir bölümüne sadece kendi başına değer.

Bütün sanat dallarında olduğu gibi, müzik belirli bir müzisyenin iç dünyasını ifade eden özel bir dildir. Her tür müzik farklı bir alma arzusunu temsil eder ve bu sayede verme arzusuyla olan farklı bir tür uyumu ifade eder. Basite indirgemek için hadi müziği iki gruba ayıralım: vokal ve enstrümantal.

Kendinizi Kurtarın

Dr. Michael Laitman

SONSUZ AŞKIN ŞARKILARI

Vokal müziğin (şarkılar) yeni bir yöne uygun olabilmesi için gerekli değişimin tanımlanması nispeten daha kolaydır. Sinemada, konular büyük ölçüde aynı kalabilir. Ve sinemada, her şarkının arkasında bağlılık mesajını taşıyan ve iki arzuyu da ifade eden bir alt metin bulunmalıdır - verme ve alma arzusu.

Müzik kişiyi ve müzisyenin en derin duygularını ifade eder. Eğer müziğin birlik ve verme ile alma arasındaki uyum mesajını taşıması isteniyorsa, icra eden artistin bu kuvvetlerin nasıl etkileştiğinin farkında olması çok önemlidir. Çünkü iç dünyamızı yansıtırken hile yapamayız, eğer sanatsal bir biçimde bu mesajı yaymak istiyorsak icra eden artistin bağlılığı ve iki arzu arasındaki etkileşimi kişisel olarak deneyimlemiş olması gerekir.

Sonuç olarak, her şarkı yeni bir canlılık ve yeniden doğuş hissi vermelidir. Yeni bir tür yaratmaya ihtiyaç yoktur. Zaten mükemmel bir çeşitliliğimiz var: Pop, hip hop, rock'n roll, caz, klasik ve etnik müziğin her türü. Hepsi içyapımızı samimiyetle ifade eder ve değiştirilmelerine gerek yoktur. Değiştirmemiz gereken tek şey verdikleri mesajların içeriğidir. Çiftlerin sorunlu ilişkilerine odaklanmak yerine, sözler doğadaki bütünlüğe vurgu yapabilir.

Doğanın veren tarafı hakkında bilgi edindiğimiz için şarkılara yeni sözler de yazabileceğiz. Bu sözler doğada veya insanlar arasında meydana gelen verme arzusu ile

alma arzusu arasındaki diyaloğu ifade edebilir. Konuyu irdelediğimiz zaman, verme arzusunun alma arzusu vasıtasıyla kendisini sabit bir şekilde ifade etmek için yollar bulmaya çalışmasını, bir erkeğin bir kadına olan aşkını ifade etmek için yeni yollar aramasına benzetebiliriz. Bu aşk temasını sözlere dökmek ve bunu da melodilerle süslemekten daha ilham verici ne olabilir ki?

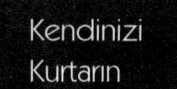

Kendinizi Kurtarın

Dr. Michael Laitman

AHENGİN MELODİLERİ

Enstrümantal müzik tamamıyla farklı bir nağmedir. Batı müziğinin ahenge odaklanması onu bütünlüğün ve uyumun ifadesinde nerdeyse doğal bir ortam yapar. Birçok ünlü besteci, en bilinenleri Bach ve Mozart, müziklerindeki uyumu ve ahengi korumak için özen göstermişlerdir. Aslında klasik müzik öylesine uyumlu ve bütündür ki, İngiltere'deki, Leicester Üniversitesi, bu müziğin mandıralardaki süt üretimini artırdığını bulmuştur. Bestecileri muhtemelen bu uyumun gittiği derinliği veya müziklerinin bir gün hangi amaçla kullanılacağının farkında olmasalar bile, günümüze kadar popüleritesini garanti eden bu kalitedir.

Fakat uyum yalnızca Batı müziğinde bulunmaz, hemen hemen her tür müziğin temelidir, özellikle yerli müziğin. Ancak, bugün uyumun korunması şartı yalnızca sesini duymaktan hoşnut olduğumuz için değil realitenin yepyeni bir kısmını ifade etmemize yardımcı olabileceği içindir. Sonuç aşırı tutkulu, aşırı yumuşak, aşırı hızlı veya sert olabilir. Fakat tür ne olursa olsun, tamamıyla yaşam kuvvetimizi ifade ettiği için dinleyici üzerinde etkisi emsalsiz olacaktır.

Bugün, Bach, Mozart, Beethoven ve Verdi zengin ve renkli gelebilir bize. Ancak iki arzunun algılanmasını ifade eden müzikle karşılaştırıldığında aradaki fark dünyayı 2 boyutla değil de 3 boyutlu görmek gibidir.

BÖLÜM 12

PARA, PARA, PARA

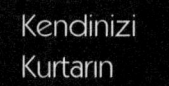

Kendinizi Kurtarın

Dr. Michael Laitman

PARA, PARA, PARA

Amerika veya İngiltere'de muazzam bir zenginlik yaratılmasına karşın, mutluluk 1950'li yıllardan beri artmamıştır. Hiçbir araştırmacı bu gerçeği sorgulamaz. Bu nedenle, hızlanmış ekonomik büyüme, çok fazla kurbanın verilmesi gereken bir amaç olmamalıdır. Bilhassa, mutluluğun en önemli kaynağı olan, evdeki, işteki ve toplumdaki insan ilişkileri kalitesinden ödün vererek.

- Richard Layar The Financial Times

11 Mart, 2009

Hayatımızın hiçbir yönü birbirimizle olan karşılıklı bağımızı ekonomiden daha iyi ifade edemez. Birlikte olduğumuz zaman ilk gelişen ekonomi olur ve yaşamlarımızdaki tüm yönlerin ilerlemesini sağlar. Fakat birbirimizden uzaklaştığımız zaman ilk çökecek olan da odur. Daha sonra her şey onunla birlikte aksamaya başlar.

Yüzyıllar önce, birbirimizle ticarete başladığımız zaman bağlantılı olmaya başladık ve küreselleşme doğdu. Eğer o zamanlar verme ve alma arzusu hakkında bilgimiz olsaydı, insanlığın tarihi şimdi geldiği bu çılgın ve rezil durumdan çok farklı olurdu.

Bugün, dünyayı küreselleştirmeden ayırmak imkânsızdır. 10'uncu bölümde ve açılış paragrafında bahsedildiği üzere, doğadaki işbirliği ve kişisel tatmin prensibi ile uyumlu olarak tek birleşik insanlık gibi hareket etmemiz şarttır, aksi takdirde şu an bildiğimiz yaşam son

bulacaktır. Ve birleşme yolu bu iki arzunun farkında olmak ve ikisini de müzakerelerimizde kullanmaktır, özellikle finans alanında, bugün yaşanılan parasal kriz düşünüldüğünde.

Daha sert düzenlemeler veya "zehirli" aktif varlıkların alımı bizi krizden çıkartmaya yardımcı olmayacaktır. Çıkış yolu, ekonominin değil insan doğasının düzenlenmeye ihtiyacı olduğunu anlamaktır. Ekonomimiz tek taraflı düşüncelerimizin yansımasıdır, almak, almak ve daha çok almak.

Bugün, insanlık şunu anlamalıdır ki, çıkarlarımız için en iyi olan planlarımızda başkalarını da dikkate almaktır aksi takdirde bu planlar başarısız olacaktır. Bundan dolayı, finansal kurtarma planındaki ilk adım ne çeşit bir dünyada yaşadığımız bilgisini paylaşmak ve doğruları sunmak olmalıdır: Küresel ve birbirine bağlı bir dünya.

İnsanlar iki kuvvetin dünyayı idare ettiğini bilmelidir: Birincisi, alma arzusu, ekonomistlerin *"kâr amaçlı ekonomi"* diye adlandırdıkları, kapitalizm. İkinci kuvvet ise amacı genel refah ve saadetin artması olan verme arzusu.

Basitçe söylemek gerekirse günümüzün finansal ilişkilerinde, ya herkes kâr eder ya da hiç kimse. Herkes terimi tam olarak kontratın taraflarını değil, tüm dünyayı kastetmektedir.

Kendinizi Kurtarın

Dr. Michael Laitman

Bu her kontrat öncesi tarafların dünyadaki tüm evlerin kapısını çalıp, yaptıkları anlaşmayı anlatarak, imza için izin alması anlamına mı geliyor? Bu hiç de pratik olmazdı. Bu tavrımızı kendi çıkarlarımızı dikkate almak yerine herkesin çıkarlarını dikkate almamız anlamına gelir.

Örnek olarak, ne zaman yeni bir ürün kullanıma sunulsa, üretici anında rakiplerini devre dışı bırakmanın yollarını arar. Yeni kurulan firma, pazar payını genişletmeye çalışır, bu prosesin adına kapitalizm diyoruz.

Hâlbuki günün sonunda değişen şey zaten pazarın içinde olan müşterileri çalma eğilimidir. Kabul gören norm budur

Aynı şekilde, günümüzün bankaları sendeleyen ekonomiyi ayağa kaldırmak veya yeni ev veya iş kurmak isteyenlere yardımcı olmak işini üstlenmezler. Bankalar tek bir şey ister, hissedarlarına (sahipleri/ yöneticileri) mümkün olan en çok parayı kazandırmak. Ve alt sınıf çalışanlarına utanç dolu maaşlar vermek zorunda kaldıklarında veya insanlara suç idrak eden sorumsuz borç para verip daha sonra bu borçları sigorta firmalarına satıp onların da birinin elinde patlayana kadar birinden diğerine fırlatmalarına, "olağan ticaret" denir. Tek amaçları artı hanelerine her çeyrek sonunda milyarlar yazmaktır.

Bu tavır yalnızca bankalar için geçerli değildir. Aslında, her işletme bu şekilde çalışır, sigorta firmalarından,

bankalar ve fonlar, mahalle bakkalına kadar bu iner. Buna "*serbest pazar*" diyoruz.

Ancak bugün, nerede hatta yaptığımızı bulmak adına hepimizin bu sistemi ciddi şekilde sorgulaması gerekmektedir. Bunu yaptığımızda banka veya sigorta firmaları fikrinde hiçbir yanlış olmadığını göreceğiz. Bankalar potansiyel olarak iyi bir şeydir çünkü onlar olmadan hayallerimizi finanse edemezdik. Sigorta firmaları da olumlu güçlerdir çünkü hayatımızda kötü giden şeylere karşı bizi sokağa atılmaktan korur.

Bu nedenle, değişmesi gereken tek şey işletmenin amacıdır -rakiplerini harcama pahasına kendi çıkarlarını korumaktan vazgeçip, tüm topluma yarar sağlamayı hedeflemek. Finansal ilişkilerimizi işletmeleri değil ama insanlığın geliştirilmesi üzerine planlamalıyız. İş hayatında, politikada da olduğu gibi korumacılık, kullanıcısını hedefindekinden daha kötü bir şekilde cezalandıran iki tarafı keskin bıçak gibidir.

Televizyon, sanat ve okullar sosyal atmosferi şefkat ve dostluk olarak değiştirdikleri zaman, onurlandırma kazanmaya değer bir mükâfat olacaktır. O halde, mevcut kâr amaçlı sistem yerine, toplumun yararına katkıda bulunmanın ödülü sosyal kabul ve takdir olacaktır.

Bu nedenle, eğer kendimizi veya hissedarlarımızın çıkarlarını düşünmekten öteye gidersek, biz ve müşterilerimiz kalkınacaktır çünkü insanlar birbirlerine güvenecektir. Açıkçası paranın olduğu yerde güven en büyük faktördür.

Şu anda bankaların diğer bankalara güveni yoktur. Sigorta firmalarının da bankalara ve birbirlerine güveni kalmamıştır ve borçlulara kimse güvenmemektedir çünkü kredi alıcıları işverenlerine yarın kovulmayacaklarına dair güven duymamaktadır çünkü işverenler pazardaki talebe bağımlıdırlar ve hiç kimse bugünlerde pazara güven duymamaktadır.

Bu bizi ilk noktaya geri götürür, doğanın kanunlarını çalışmaya. Birbirimize, kendimizin ve bütün realitenin ne şekilde formüle edildiğini anlayana kadar güvenmeyeceğiz. O zaman, kolektif şekilde bu uyumun içsel formülünü takip etmeye karar verebiliriz. Bunu yaparsak, borçlular işverenlerine, işverenler bankalara, bankalar iş sigorta firmalarına ve herkes pazara güven duyacaktır.

Bu nedenle, bir büyük birleşik insan ailesi gibi davranmayı öğrenene kadar kıtlıktan kurtulamayacağız. Ama eğer bunu yaparsak, yalnızca rahat bir yaşam için her şeye sahip olmakla kalmayız aynı zamanda çocuklarımızın, çocuklarımızın çocuklarının bu refahı elde edebileceğine emin oluruz.

BÖLÜM 13

ÇOCUKLARINIZA İYİ ÖĞRETİN

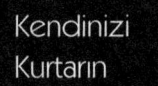

Dr. Michael Laitman

ÇOCUKLARINIZA İYİ ÖĞRETİN

Bireylerin felce uğrayışını kapitalizmin en büyük kötülüğü olarak kabul ediyorum. Tüm öğretim sistemimiz bu musibetten zarar görmektedir. Hazırlık döneminde aç gözlü bir başarıya tapınsın diye eğitilen öğrenciye abartılı rekabet tavrı telkin edilir.

- *Albert Einstein*

Webster sözlüğünde, eğitim "eğitimin veya eğitmenin (okul/ bilgilendirilen) eylemi veya süreci" olarak geçer. Okulun birinci yılında öğrendiklerimizin 3'üncü sınıfın sonunda geçersiz ve önemsiz olduğu bir dünyada, öğretimin yararı nedir?

Daha da önemlisi, artan küresel krizle, çocuklarımızın eğitimini, lise seviyesi bile olsa garanti edebiliyor muyuz? Şu an yaşadığımız kriz küresel ve çok yönlü olduğu için eğitim sisteminin çocuklarımızı dünyanın mevcut konumuna hazırlaması ve adapte etmesi şarttır.

Bu nedenle, bugünkü sorunumuz bilgi edinmek değildir. Kendimize ve çocuklarımıza bu düşmanlaşma, şüphe ve güvensizlik ortamını aşmaya yardımcı olacak gerekli sosyal beceriler sağlamaktır. Çocuklarımızı 21.yüzyıla hazırlamak için onlara birinci olarak realiteyi nelerin oluşturduğunu ve ne olduğunu, onu değiştirmek için ne yapmaları gerektiğini öğretmemiz şarttır.

Dr. Michael Laitman

Kendinizi Kurtarın

Bu eğitimin yayılmasının durdurulması anlamına gelmez ancak bu derslerin, öğrencilerin içine girecekleri bu dünyayla ne şekilde başa çıkacaklarına yardım edecek daha geniş bir hikâyenin parçası olması gerekliliğini anlatır. Çocuklar, realitenin tüm resmini ve onu şekillendiren kuvvetlerin bilgisini edinmiş ve bu bilgiyi nasıl yararlarına kullanacakları konusunda anlayışa sahip olmuş şekilde dersten çıkmalıdırlar.

Dünyada nerdeyse tüm ülkelerde eğitim öğrencilere kişisel başarıyı amaçlamalarını özendirmek için tasarlanmıştır. Öğrencinin notları arttıkça sosyal statüsü de artar. Amerika ve Batı'daki birçok ülkede bu sistem öğrencinin nasıl yaptığı haricinde, diğerlerine kıyasla nasıl yaptığını da ölçer. Bu, öğrencilerin sadece ilerlemelerini istemelerini sağlamaz, fakat kaçınılmaz şekilde diğer öğrencilerin başarısız olmalarını istemelerine de yol açar.

Küreselleşmiş bir dünyada, her bireyin başarısının bir diğerinin başarısına bağlı olduğu bir yerde, bu sistem köklerinden düzeltilmelidir. Kişisel farklılık elde etmek yerine amaç müşterek bir başarının teşvik edilmesini üstün hale getirmek olmalıdır. Bu edinim, ideal olarak en çok rağbet ve saygı gören edinim olmalıdır.

Öğrencilerin topluma katkısını teşvik edecek araç çevredir. Medyanın aşırı zengin insanları yüceltmelerini durdurması gerektiği gibi, okullar da aşırı bireyci, yalnızca kendi çıkarları için çaba gösterenleri methetmeyi durdurması gereklidir. Medyanın başkalarını öven insanları

yüceltmesi gibi, okulların da başkalarını öven öğrencileri yüceltmesi gerekir.

Bu nedenle, her okulda ilk değişmesi gereken okulun atmosferidir. Kendi odaklı öğrencilere herhangi bir ceza sistemine gerek yoktur çünkü toplumun gençlerin üzerinde çok büyük etkisi vardır ki sosyal kodu neredeyse içgüdüsel şekilde takip ederler. Bunun yerine dostluğun ve paylaşımın atmosferi hüküm sürmelidir. Bu öğrencilerin birbirine yardım etmek ve geliştirmek için çalıştığı ve karşılığında sosyal kabul gördüğü akran yardımlaşmasının teşvik edilmesi ile geliştirilir.

Buna ek olarak, başarı için takım oyunu gereken birçok uygulama vardır. Bunlar şu anda yürürlükte olan eğitim programına bireyler yerine gruplara not verilerek çok kolay adapte edilebilir. Bu yolla bir öğrencinin notu gruptaki diğer öğrencilerin performansına bağlı olacaktır.

Aslında yetişkinlerin dünyasına baktığımızda çok azının tek bir kişinin ürünü olduğunu görürüz. Ve böyle zamanlarda bile büyük bir ekip çalışması gereklidir başarıları için. Aslında doğa ve yaşamlarımız bize birlikteliğin ne kadar önemli olduğunu öğretir, peki neden okullardan başlanmasın?

Eğer günümüzün çocukları onları insancıl ve yardımsever yetiştirme çabalarımıza rağmen şiddet yanlısı ve asi büyüyorlarsa, bu kalıbı her çocuğun başarısının bir diğerine bağlı olduğu okullar yaratarak değiştirebiliriz. Bu birbirleri için şefkat hissi yaratabilir ve eski kendi odaklı kalıbı yok eder.

Çocuklar için birbirinden etkileşme nefes almak kadar doğaldır. Doğduğu günden beri çocuk hayatta kalabilmesi için gerekli tüm ihtiyaçları için anne ve babasına bağımlıdır. Çocukların okula girme zamanına kadar sosyal ihtiyaçları gelişir ve pozitif bir benlik bilincinin korunması için tümüyle diğerlerinin onayına bağımlı olurlar.

Bunun sonucunda toplumum gücünü üzerlerinde o kadar çok hissederler ki şefkatli bir atmosfer sunulduğunda bize merhametli gençleri büyütmek için çok az bir efor gerekir. Yapmamız gereken tek şey onlara doğru yolu göstermektir; onları ve insanlığı başarıya yönlendirecek bir yol ve onlar bu yolda öncülük yapacaklardır.

İlk yapmamız gereken şey onlara doğanın nasıl işlediğini öğretmektir. Onlara yaşamlarında birbirlerini etkileyen iki kuvvet olduğunu ve herkesin mutlu olması için bu kuvvetlerin denge içinde olması gerektiğini öğretmeliyiz. Öğrettiğimiz konuların hiçbirini değiştirmemize gerek yoktur, yalnızca D maddesini eğitim sistemine eklememiz gereklidir: Denge

Bu nedenle biyoloji gene biyoloji olarak kalacaktır, verme ve alma arzusunun karşılıklı etkileşiminin nasıl çok hücreli canlıların ilk hücreli canlılardan gelişmesini sağladığı açıklamasıyla çeşnilendirilerek. Bu fizik ve diğer müspet bilimler için de uygulanır. İnsanlıkla birlikte,

> **Kendinizi Kurtarın** — Dr. Michael Laitman

insanlığın tarihi ve çeşitli toplumları ön saflarda bu arzuların karşılıklı etkileşmeleriyle incelemek gerçekten de umut verici olacaktır.

Bunu yapmak bu kitabın kapsamının ötesinde olmasına rağmen, arzularımız değişip güçlendiği zaman nasıl ilerlediğimiz kolayca görülebilir. Arzularımızı bu şekilde büyütmeden ve değiştirmeden hiçbir köklü değişiklik yapamayız çünkü bu durumda yaşamlarımızı değiştirmek istemiyoruzdur. Böyle olduğunda teknolojimiz de olmazdı çünkü şimdiye kadar olanla idare ederdik. Politikamız (aslında, bu kötü bir fikir de olmayabilir) ve kurallarımız da olmazdı. Her halükarda arzularımızı değiştirmemiş olsaydık, hâlâ mağaralarda yaşıyor olurduk.

Uyum unsurlarını teşvik edici okullar inşa etmek için iki aşama vardır:

1. Bilgi temin etmek: Okullarda verme ile alma arzusunu ve doğada ne şekilde birlikte çalıştıkları öğretilmelidir. Bu özel seçilmiş sınıflar içinde ve eğitim sistemindeki her başlığın bir parçası olarak yapılmalıdır.

2. Yeni sosyal normlar kurmak: Temel kavramların çocuklar tarafından edinimi sonrası aşamalı olarak birlikteliğin, arkadaşlığın ve yardımlaşmanın geliştirildiği sosyal normlar kurmalıyız.

Bu kısmın başarılı olabilmesi için çocukların bu kurallara yetişkinlerin zorlamaları sonucunda uymadıklarını

anlamaları gerekmektedir. Tam tersine bu yaklaşımla yaşamlarının en iyi şekilde üstesinden gelebileceklerinin farkında olmaları sağlanmalıdır. Bu yüzden, çıkarlarına en uygun iş bu olguyu izlemek olacaktır.

Bugünün dünyasında hayatta kalabilmek için birbirimizle mücadele ederek değil işbirliği içinde birbirimizi etkilememiz gereklidir. Aksi takdirde yaptığımız her şey başarısız olacaktır. Paylaşım ve işbirliği sanatını öğreterek çocuklarımız için en önemli hizmeti yerine getirmiş olacağız çünkü onları yaşamın zorluklarıyla baş edebilmeleri için en önemli araçla donatacağız.

Onlara bunu vermek sorumluluğundan kaçarsak hiç kimse onları bu araçla donatmayacaktır. Sosyal çevreyi kullanarak oluşturacağımız, çocuklarımıza bu küresel çağda ne şekilde yaşamayı, paylaşmayı ve sevmeyi ve her eylemlerinde iki yaşam kuvvetini de göz önünde bulundurmayı öğretmeyi amaçlayan okullar oluşturarak, devam etmeye değer okullar yaratmış oluruz.

BÖLÜM 14

EVET, YAPABİLİRİZ
(VE YAPMAK ZORUNDAYIZ)

Dr. Michael Laitman

Kendinizi Kurtarın

EVET, YAPABİLİRİZ
(VE YAPMAK ZORUNDAYIZ)

İnsanlık dertlerinin sonunu hiçbir zaman göremeyecektir ta ki… Bilgeliğin sevdalıları politik gücü ele geçirene kadar veya gücü elinde bulunduranlar… Bilgeliğin sevdalısı olunca.

- Platon, Devlet

Kitapta sunulan değişim yüzeysel bir değişim değil, ekonomik, eğitim hatta politik sistemimizi nasıl kuracağımızın üzerinde temel bir değişimdir. Bu değişim yaşamlarımızı ve sonuç olarak toplumu anlamaktır. Değişimin sürmesi için insan gelişimindeki evremiz biz bireyler olarak tüm dünya ilerlemeden ilerlemeyecektir.

Eskiden ailelerimize karşı iyi olmak yeterliydi. Bunu yaparak doğadaki verme arzusuyla bilincinde olduğumuz tek seviye olan ailelerimiz üzerinden denge sağladık.

Daha sonra, toplulukların büyümesiyle daha büyük grupların farkına varma ihtiyacı duyduk, yalnızca ailelerimize karşı iyi olmak yetmiyordu aynı zamanda şehir halkına da ilgi ve nezaket göstermeyi öğrendik. Bu bizi topluluk seviyesindeki verme kuvvetiyle dengeledi.

Daha sonra, daha da büyüdük ve kendimizi doğadaki verme kuvvetiyle ulusal seviyede dengeleme ihtiyacı duyduk, ailelerimizin ve kenttaşlarımızın ötesinde.

> **Kendinizi Kurtarın**
>
> Dr. Michael Laitman

Bugün aynı şeyi tüm dünya için yapmamız gerekiyor. Farkındalığımız, bilincine sahibiz veya değiliz, tüm insanlığı içine alıyor. Bu nedenle, kendimizi doğanın veren kuvvetiyle dengelemek için, olumlu olmalıyız ve herkese ve her yerde katkıda bulunmalıyız.

Bunu yapmamanın sonuçları gözümüzün önünde yayılan krizdir. Bu daha üst bir kuvvetin cezalandırması değil yalnızca doğanın kanununa uymamanın doğal sonucudur, hazırlık yapmadan ve gerekli ekipmanlar olmadan terastan atlayıp, yerçekimi kuvvetine karşı gelerek hissedeceğimiz acıya benzer. İnsanlar için en önemli savunma, farkındalıktır.

Doğanın verme kuvvetinin farkında olmamız ilk ve en önemli aracımız olduğu için, ilk yapmamız gereken şey bunun rolünü ve önemini politikacılarımıza öğretmektir. Onlara şimdiye kadar bunun farkında olmadığımızı ve bu krizlerin onun düşüncelerimizdeki eksikliğinden meydana geldiğini göstermeliyiz. Bu yolla, neyin çalışıp neyin çalışmadığına çok hassas olan politikacılar bugünün gerekliliğine politikalarını nasıl ve neden değiştirmeye ihtiyaçlarının olduğunu bileceklerdir.

Politikacılar ve devlet adamları her gün ben merkezli politik sistemin içinde yaşadıkları için, yozlaşmış sistemle mükemmel, ahenk içindeki sistem arasındaki çelişkinin farkına varacaklardır. Doğrusu bu süreç finansal kriz patlak verdiği anda kendiliğinden başlamıştır.

Dr. Michael Laitman

Kendinizi Kurtarın

Barrack Obama'nın 20 Ocak 2009'da Georgia eyaleti Atlanta şehrinde Ebenezer Protestan Kilisesi'ndeki konuşması bu farkındalığın güzel bir örneğidir: "Bağlılık şu saatteki en önemli ihtiyaçtır. Bu saatin en önemli ihtiyacıdır. Bize hoş geldiği veya rahatlattığı için değil, bu ülkedeki temel açığın üstesinden gelebilmenin tek yolu olduğu için. Bütçe açığından bahsetmiyorum. Ticari açıktan bahsetmiyorum. İyi fikirlerin veya planların yoksunluğundan bahsetmiyorum. Manevi açıktan bahsediyorum. Empati açığından bahsediyorum. Kendimizi bir diğerimizde fark etme acizliğimizden bahsediyorum, hepimizin ağabeylerimizin, kız kardeşlerimizin koruyucusuyuz. Hep beraber tek bir kader giysisine bağlandık."

Bu tanımlama ışığında, yapmamız gereken tek şey bu elbiseyi güçlü ve hatta yumuşak ve pürüzsüz yapacak yapıştırıcıyı eklemektir. Ve bu madde, birlik olarak doğanın verme kuvvetiyle aynı hizaya gelme farkındalığıdır.

Politikacıların birlik olması anlaşmazlıkların ve tartışmaların biteceği anlamına gelmez ancak doğanın iki arzusu hesaba katılarak, tartışmalar değişim için uygun zemin hazırlar. 10'uncu bölümde açıklandığı üzere toplumun görüşleri medya ile değiştiği için politikacılar argümanlarını kaybettiklerinden dolayı oy kaybetme kaygısına düşmeyeceklerdir. Tam tersine değişik bir yöne gitmenin toplumun yararına olduğunu fark edip görüşlerini değiştirirlerse, oy verenler bu esnekliği bir güçlü yaptırım olarak kabul edecektir.

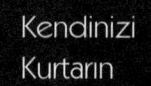

Dr. Michael Laitman

Dahası bunu yaparak karar vermeden önce artıları ve eksilerini ciddi şekilde tartışarak yeni gidişatın başarısı için daha çok sorumluluk alacaklardır. Politikacılar daha sonra seçmelerine "bakın, ben seçenekleri tarttım ve toplum için rakibimin fikirlerinin daha yararlı olacağına karar verdim. Bu nedenle, benim düşüncem onu desteklemenizdir" diyebilir.

Bu büyük sorumluluktur, tartışmayı "kazanan"dan daha büyük. Bu tavır takınıldığında, yalnızca birliktelik artırmaz aynı zamanda fikirlerde daha ayrıntılı düşünülebilinir.

Uluslararası politika da aynı şekilde değişmelidir. Bu küresel çağda dünya yararına düşünmek kendi ülkeleri için düşünmekten çok daha önemlidir. Doğal olarak bu trendin başarılı olabilmesi için tüm ülkeler tarafından benimsenmesi şarttır. Dünyanın temelini ayakta tutan bu iki arzunun herkes tarafından bilinmesi gereklidir. Bu bilgi olmaksızın, izolasyon ve korumacılık hüküm sürecek ve savaşlar patlak verecektir. Bununla en sonunda dünya barışına ulaşmak için samimi bir fırsat elde etmiş olacağız.

BÖLÜM 15

İYİ OLMAK VE İYİ KALMAK

Dr. Michael Laitman

İYİ OLMAK VE İYİ KALMAK

Kuşların onları yeme ihtimali olmasa, tüm ilaçların yarısı çok rahatça camdan dışarı fırlatılabilinir.

— *Dr. Martin Henry Fischer*

Binlerce yıl önce, antik Çin'de, ilaç uygulaması şimdiki uygulamanın tam tersiydi. O günlerde her ev kapısının önüne bir vazo koyardı. Şifacı evlerin önünde turlarken her bir vazonun içine bakardı. Eğer içinde bozuk para varsa evde hastanın olmadığını anlar ve parayı alıp giderdi.

Eğer vazo boş ise, şifacı evde hasta birinin olduğunu bilirdi. Eve girer ve hastayı elinden gelen en iyi şekilde tedavi ederdi. Hasta iyileştiği zaman, günlük bozuk para ödemesine devam ederdi.

Bu ödemelerin devam edebilmesi için şifacının hastaları iyileştirmek zorunda olduğu basit bir metottu. Kârını artırmak için şifacının sorumluluğu altındaki insanların sağlıklı kalmasına ihtiyacı vardı. Bu nedenle boş zamanlarında köyü dolaşır ve insanlara nasıl sağlıklı besleneceği konusunda tavsiyelerde bulunur, aldırmayanları ise azarlardı. Eğer kişi inatçı ise ve sağlıklı yaşamayı reddediyorsa, şifacı ziyaretleri sırasında o kişinin evine uğramaz ve sağlık ihtiyacı olduğu zaman tedaviyi reddederdi.

Bu basit metot şifacı ve hastanın birlikte sağlıklı kalma konusuna önem vermelerini garanti ediyordu, şu an bizim sağlığa bakış açımızdan çok farklı olarak.

Modern sağlıkta bir doktorun maaşı günde kaç tane hasta tedavi ettiğine, ilaç firmaları tarafından ne kadar miktarda komisyon verildiğine ve doktorun verdiği hizmetin oranından oluşmaktadır. Özel sağlık sisteminde varlıklı hastalar iyi doktorlara daha çok ödeme yaparak daha alt gelir seviyesindeki hastaların aldığı hizmet kalitesinde çatlak yaratırlar.

Buna ek olarak, bugünkü sistemde hastaların sağlıklı kalması doktoru cezalandırır. Aslında pratisyen insanların sağlıklı kalmasında başarılı olduğu için teorik olarak açlıktan ölebilir veya ihtarname alabilir.

Her seferinde memnunluk duyduğumuz yeni bir ilaç veya tedavi metodunu açıklayan ilaç firmaları da bu kısır döngü içerisinde yer almaktadır. Eğer gerçekten de insanları iyileştiren bir ilaç bulsalardı hepsi iflas ederdi. Bu nedenle onların çıkarları bizim sağlıksız bir şekilde hayatta kalmamızdır. Bütün sistem, hastaneler, ilaç firmaları, doktorlar, hemşireler ve hastabakıcılar bizim hasta şekilde yaşamayı sürdürmemizden aslında yarar sağlarlar. Bu sağlık çalışanlarının ayakta kalabilmelerinin tek yoludur.

Ancak bu gerçek herhangi birinin hatası değildir. Doktorlar kötü insanlar değildir, en azından sizin ve benim kadar. Onlar sağlık ve iyiliğin yerine kârın artırılmaya

çalışıldığı bir sistemin tuzağına düşmüşlerdir. Bunun sonucunda, hastalar, sıradan insanlar, yüksek maliyetli hayat sigortaları almak zorundadır ve yanlış tedavi sonucunda yargı sistemine bağımlıdır.

Bu, sırasıyla, doktorları yanlış tedavi davalarından koruyacak sigorta poliçeleri almaya zorlar. Bu tüm sistem çok hasta bir durumu yansıtır.

Peki hangi kötülük bu çatlak sistemi yaratmıştır? Bizim doğayı ihmal etmemiz. Aslında, sağlık sistemi gerçeğin yalnızca bir yarısını görmemizin belirtilerinin keskin bir şekilde açığa vurulduğu yerdir.

Dr. Michael Laitman

Kendinizi Kurtarın

SAĞLIK SİSTEMİNİN İYİLEŞTİRİLMESİ

Açıkça, antik Çin sağlık sistemini taklit edemeyiz. Bütün sistemin çökmesine sebep olmadan bu düğümü çözmemiz için egoistik sistemlerimizin içinde çok karıştık. Bununla birlikte, Çin modeli, sağlık sistemimizin ne kadar basit, ucuz ve sağlığı teşvik eden bir sistem olması gerektiğinin bir örneğini sunar.

Kimse dengeyi doktorlardan daha iyi anlayamaz. Bu safhaya tıpta "homeostaz" adı verilir. Webster Sözlüğünde bu şu şekilde tanımlanır: "dengenin kısmen sabit olan safhası veya farklı ama birbirlerine karşılıklı şekilde etkileyen maddelerin veya organizmadaki madde gruplarının bu safhaya eğilim gösterme hali."

10'uncu bölümde konuştuğumuz işbirliği ve kişisel tatmin kuralını hatırladınız mı? Tıp da bu açıklamanın en son kısmında yer alır: "farklı ama birbirlerini karşılıklı şekilde etkileyen maddeler veya organizmadaki madde grupları."

Homoestaz ayrıca vücuttaki sağlığı veya hastalığı belirler. Bu nedenle, doktorlar bu kavramı çok kolay idrak eder. Bu yüzden, doğanın iki özelliğini -vermek ve almak- çalışmak ilk yapılacak iştir. Bu, aksayan sistemin değiştirilmesi için gerekli olan farkındalığı ve gerekliliği yaratır.

Kendinizi Kurtarın

Dr. Michael Laitman

Biyolojiyi çalışan herkes bilir ki, sağlıklı bir hücre bütün desteğini ev sahibi organizma için sağlar ve karşılığında korunma ve besin alır. Kanserli hücre ise tam tersini yapar, organizmadan alabileceğinin hepsini alır ve karşılık olarak hiçbir şey vermez. Bunun sonucunda, ev sahibi harcanır ve kanserle birlikte ölür.

Bu nedenle, araştırmacılar ve sağlıkçılar kalbin bilinçli şekilde değişmesi için en iyi adaylardır. İnsanlığın her bireyinin arasındaki karşılıklı sorumluluğun ihtiyacını herkesten daha iyi anlayacaklardır. Ve bugünkü sistemin günlerinin sayılı olduğunu ve değişim için ihtiyacın an meselesi ve acil olduğunu da anlayacaklardır.

Vücuttaki bağışıklık sistemi gibi sağlık çalışanlarının işi de insanları sağlıklı tutmak, ayrıca hastalandıkları zaman tedavi etmektir. Ve çalışanların mükâfatı ise toplumdan gelecek övgü olmalıdır. Tabiî ki, saygınlık içinde yaşayabilecekleri bir maaş alacaklar ancak bunun ötesinde mükâfatları toplumun kabulünden gelmelidir. Her değişimde olduğu gibi bunun başarısı sosyal atmosfere bağlıdır. Kendi odaklı bir atmosferde, bu değişim hiçbir zaman başarılı olmaz. Fakat dostluğun ve güvenin olduğu bir atmosferde, başarı kesindir.

Günümüzün sağlık sistemindeki karmaşıklık yüzünden, katılımcıların yalnızca değişimin farkında olmaları yetmeyecek ayrıca bunu kavramak istemeleri de gerekecektir. Böylece insanlığın bu hastalığının en akut şekilde sağlık sisteminde baş gösterdiği gibi, iyileştirme de dramatik bir şekilde bu sistemle kendini gösterecektir.

BÖLÜM 16

...VE SERİN KALMAK

> Kendinizi Kurtarın
>
> Dr. Michael Laitman

...VE SERİN KALMAK

Bu zamana kadar insan doğaya karşı oldu, bundan sonra kendi doğasına karşı olacaktır.

- Dennis Gibor, Inventing The Future, 1964

Görünüşte, ekoloji bu kitapta en kolay ele alınacak başlıktır. Tüm arabaları elektrikli yapın, tüm enerji santralleri rüzgâr ve güneş enerjili olsun ve tüm plastikleri geri dönüştürün. Daha sonra, oh ne ala, dünya yeniden yeşil, güzel ve serin bir yer olur. Fakat bu o kadar kolaysa, şimdiye kadar neden başarılı olamadık?

Bu soruya verebileceğimiz birçok cevap vardır. En belirgini, fosil yakıt ve ucuz plastik yaparak para kazanmakla çok meşgul olduğumuz için, gezegenimizi, evimizi ve çocuklarımızın evini dâhil her şeyi bir kenara koyduk. Diğer akla yatan cevap ise güneş enerjisi çok efektif değil ve pahalı ve bunu kullanmak elektrik fiyatlarını yükseltirdi, bu da insanların kullanımı için pahalı olurdu.

Lakin bütün bu sorunlar teknik konulara odaklı ve gerçek sorunu bir kenara bırakıyor; bizim dünyevi evimizin geleceğine olan kayıtsızlığımız ve birbirimizin ihtiyaçlarına olan hoşgörüsüzlüğümüz. Kısaca, Dr. Gibor'un açıkça söylediği gibi, gerçek problem insan doğası.

Dr. Michael Laitman

Kendinizi Kurtarın

Bugün, gezegenimizin durumuna karşı içinde bulunduğumuz eylemsizlik hali nerdeyse canicedir. Dünyanın bir kısmını sellere maruz bırakarak ekinlerin harap olmasına neden oluyoruz ve diğer bölümlerinde de eziyet ederek insanların şiddetli kuraklıklar sonucu susuzluktan ölmesine yol açıyoruz. Peki, neden doğaya ve kendimize karşı bu kadar kalpsiziz?

Bunun cevabı başlangıca ait olan kökümüzü unutmamızdır, yani verme ve alma arzusunun arasındaki dengeyi. Bu dengeyi doğanın her seviyesinde görürüz; cansız, bitkisel ve hayvansal. Biz insanlar kendimizi doğadan üstün farz ediyoruz, teoride olmasa da kesinlikle pratikte öyleyiz. Ancak gerçek ondan üstün olmadığımızdır. Onun bir parçasıyız.

Biz konuşan seviyeyiz, doğanın en gelişmiş seviyesi. Böyle olduğu için, en etkili parçası: eylemlerimiz doğanın diğer seviyelerini de etkiler. Fakat bundan daha önemlisi, içsel durumumuz da eylemlerimiz kadar güçlü bir şekilde doğanın geri kalanını etkiler. İçsel durumumuz dengesini yitirdiği zaman, egoizm, doğanın verme kuvvetine olan kayıtsızlık, bütün doğanın yani bitkiler, hayvanlar ve insanların egoizme düşmesine, verme kuvvetine kayıtsız kalmasına ve herkesin acı çekmesine yol açar.

Bu nedenle, hepimiz elektrikli araba ve yalnızca yinelenebilir enerji kaynaklarını kullansak bile dünya daha davetkâr olmayacaktır. Farkı yaratacak olan şey, verme arzusunu tanımak ve onu hayatlarımıza nasıl dâhil edeceğimizi öğrenmektir.

Kendinizi Kurtarın

Dr. Michael Laitman

Bunu bir düşünün, soğuk algınlığı gibi hafif bir sıkıntımız olduğunda tüm vücudumuz etkilenir. Rahat nefes alamayız, iştahımız kaçar, ateşimiz yükselir, güçsüzleşiriz ve konsantrasyonumuz düşer. Benzer şekilde dünya da küçük bir köy gibidir, yaptığımız her şey herkesi ve geri kalan her şeyi etkiler. Bu nedenle doğanın dengesini en temel seviyede, arzuların seviyesinde öğrenmemiz ve yaşamlarımıza uygulamamız şarttır.

Bu karşıya geçen bir yaşlı bayana yardım edince Atlantik'teki bir fırtınanın duracağı anlamına gelmez. Kendimizi düşündüğümüz kadar başkalarını da düşündüğümüz zaman, hepimiz hep birlikte acı çekmeyi geçmişteki bir olgu haline getirebiliriz çünkü veren kuvveti öğrenmek istiyoruz.

Bu fantastik gelebilir, fakat doğadaki tek ahenk içinde olmayan ve zarar verici elementin biz olduğumuzu hatırlarsak ahenk ve denge içinde birleştiğimiz zaman cehenneme dönmeye başlayan dünyamız bu durumdan tersine dönecektir.

Ve bunun en güzel yanı bunun için hiçbir şey yapmak zorunda olmamamızdır. Bu kendiliğinden olacaktır çünkü yeniden dengelenmiş hislerimiz bizi kendimizi nasıl yöneteceğimiz konusunda doğru şekilde yönlendirecek ve dünya üzerindeki cenneti yaratacaktır.

Bu ekoloji için geçerli olduğu kadar ekonomi, sağlık ve yaşamlarımızın her yönü için de geçerlidir.

BÖLÜM 16

SON SÖZ

Kendinizi
Kurtarın

Dr. Michael Laitman

SON SÖZ

Bu kitaba, "Kendinizi Kurtarın: Dünyanın bu krizinden nasıl güçlü çıkabilirsiniz" başlığını attım çünkü bugün bunu bizim adımıza yapması için başkalarına güvenemeyiz. Başlık hakkındaki ironi ise, hissetmiş olabilirsiniz, her ne kadar krizden çıkmanın yolu birlikte çalışmak olsa da, bunu eyleme geçirme kararını verecek her bir kişidir.

Tüm kitap boyunca bahsettiğimiz üzere, evren iki arzunun dengesi üzerine kurulmuştur; verme ve alma arzusu. Var olan her şeyin altında yatan bu iki kuvvet olduğundan, evrendeki her element bu dengeyi içinde sağlamalıdır. Bu dengeyi sağlamayan objeler ve varlıklar hayatta kalamazlar.

Hayvanlar âleminde, hayvanlar yalnızca ihtiyaçları kadar yerler ve geri kalanına dokunmazlar. Bu yolla çalıların bol olduğu yerlerde otlanıp tükenmiş alanları terk ederek doğanın dengesini korurlar veya yalnızca güçsüz ve hasta hayvanları avlarlar. Bu doğanın daha gücü ve sağlıklı bitki ve hayvanları koruma ve geliştirme şeklidir.

Fakat insan farklı bir hikâyedir. Birbirimizle olan bağımız sayesinde, yalnızca hayvanlarda olduğu gibi doğadan değil aynı zamanda diğer insanlardan almak isteriz. Ve diğerlerini sömürmeye başladığımız zaman doğanın bu iki kuvvetiyle olan çizgimizi kaybederiz çünkü alma arzusunu gereğinden fazla ve verme arzusunu gereğinden az kullanmış oluruz.

Bu yolla yaşamı oluşturan bu iki arzunun dengesinin temelini çürütürüz ve tüm doğayı alt üst ederiz. Bugün yaşadığımız birçok kriz aslında bu bozukluğun bir göstergesidir; Doğaya yaşaattığımız dengesizlik. Eğer içimizdeki arzuları dengelemeyi öğrenirsek ihtiyacımız kadar alarak ve geri kalan kısmı doğaya ve insanlığa verebilirsek dengeyi tekrar kurarız ve hasta bir insanın aniden iyileşmesi gibi tüm sistemler stabil olur.

Bölüm 10'da söylediğimiz gibi yaradılışın tüm safhalarında, en karışık insan ilişkilerinden atomik safhaya, varoluş yalnızca işbirliği ve kişisel tatmin vasıtasıyla olur. Bu nedenle, insanlığın hayatta kalabilmesi için, hepimizin kişisel potansiyellerimizi yaşadığımız topluma yaptığımız katkı vasıtasıyla gerçekleştirmemiz şarttır. Bugün bu toplum tüm dünyadır.

21. yüzyılın ikinci çeyreğine giderken her geçen gün daha da belirginleşen kendi odaklı kişisel başarı günleri sona gelmiştir.19. yüzyıldan beri en etkin ekonomi okulları kurallarını biz insanlar bencil aktörleriz kavramıyla yapılandırdı; "iktisadi insan" (homo Economicus).

Bu olumsuz gidişi tersine çevirmek ve dünyayı bir an önce iyileştirmek için kısa ama devasa bir düzeltme yapmalıyız; "iktisadi insanlık". Yeni düzenlemeler insanların müşterek çıkarcı aktörler olduğuna itibar etmelidir.

Kendinizi Kurtarın

Dr. Michael Laitman

Tavırlarımızı birbirimize yarar sağlamaya doğru değiştirirsek, Babil zamanından beri yanlış olanı değiştiririz ve bunun etkisi çok kısa bir sürede hissedilir. Bugün her bilim adamı, politikacı, ekonomist ve işadamı bizim birbirimize karşılıklı olarak bağımlı olduğumuzu biliyor. Bugünlerde Obama'dan Brown ve Putin'e hepsinin bütünleşmek için vaaz vermeleri bu yüzdendir. Fakat bu işin içine her bir bireyin dâhil edilmesiyle olur. Hepimiz doğanın denge kanununun altındayız, bu nedenle bu hepimizin sorumluluğu.

Sonuç olarak bu vagonu yıldızlara bağlayalım ve kendimizi kurtaralım, her birimiz dünya benim için ne yapmalı sorusuna karşın ben dünya için ne yapabilirim sorusuna ihtiyaç duyalım.

Yazar Hakkında

Ontoloji ve Bilgi Teorisi Profesörü, Felsefe Doktorası yanında Medikal Sibernetik dalında Master diplomasına sahip, Dr. Laitman, Kuzey Amerika, Orta ve Güney Amerika'nın yanı sıra Asya, Afrika ve Doğu ve Batı Avrupa'da şubeleri olan ARI Enstitüsünün kurucusudur.

Dr. Laitman yenilikçi fikirler yoluyla eğitim politikalarında ve uygulamalarında pozitif değişimlerin geliştirilmesine ve günümüzün en baskıcı eğitimsel problemlerine çözümler bulmaya kendini adamıştır. Eğitime karşılıklı bağımlı ve bütünleşmiş dünyanın kanunlarını uygulayarak yeni bir yaklaşım sunmuştur.

Küreselleşmiş Dünyada Yaşamak İçin Bir Rehber

Dr. Laitman teknolojik olarak birbirine bağlanmış yeni küresel köyde nasıl yaşanacağına dair belirli esaslar sunar. Yeni bakış açısı insan yaşamındaki her alana dokunur: sosyal, ekonomik ve eğitime özel bir vurgu yaparak. Su yüzüne çıkan birbiriyle daha sıkı bağlantılı realitenin içinde birbirine bağlı bir toplum yaratmak için evrensel değerler üzerine inşa edilmiş yeni küresel bir eğitim sisteminin altını çizmektedir.

UNESCO Genel Müdürü Irına Bokova ve Birleşmiş Milletler Genel Sekreter Yardımcısı Dr. Asha - Rose Migiro ile olan toplantılarında, dünya çapındaki güncel eğitim problemlerini ve çözüm için görüşlerini tartıştı. Bu kritik, küresel konu büyük değişimin tam ortasındadır. Dr. Laitman günümüz gençliğinin kendine has tutkularını göz önüne tutarken ve onları çok dinamik, küresel bir dünyaya hazırlarken mevcut yeni komünikasyon araçlarından yararlanmanın önemini vurgular.

Dr. Laitman son zamanlarda uluslararası enstitülerle çok yakın çalışmalarda bulunmuş ve Tokyo'da (Goi Barış Kuruluşuyla), Arosa'da (İsviçre) ve Düseldof'da (Almanya) ve Kültürlerin Uluslararası Forumu'yla birlikte Monterey'de (Meksika) birçok uluslararası organizasyonlara katılmıştır. Bu organizasyonlar UNESCO tarafından desteklenmiştir. Bu küresel forumlarda, dünya krizi hakkında hayati önem taşıyan tartışmalara katkıda bulunmuş ve gelişmiş bir küresel farkındalık yoluyla pozitif bir değişim için gereken adımların altını çizmiştir.

Dr. Laitman aralarında Corriere Della Sera, The Chicago Tribune, The Miami Herald, The Jerusalem Post, The Globe, RAI TV ve Bloomberg TV olan birçok yayında yer almıştır.

Dr. Laitman tüm yaşamını modern dünyamızdaki hayatın anlamına cevaplar arayarak insan ve toplum doğasını araştırmakla geçirmiştir. Akademik geçmişi ve engin bilgisi onu dünya çapında takip edilen bir dünya düşünürü ve sözcüsü yapmıştır.

Dr. Laitman'ın bilimsel yaklaşımı tüm milliyetlerden, inançlardan olan insanların farklılıklarının üzerine çıkmasına ve karşılıklı güvence ve işbirliği küresel mesajı etrafında birleşmesine olanak sağlamıştır.

Bütünsel Toplumun Psikolojisi

Bu kitapta, Profesör Michael Laitman ve Profesör Anatoly Ulianov bir seri karşılıklı konuşma ile eğitime ufuk açıcı bir yaklaşımla ışık tutmaktalar. Rekabet içinde olmamak, sosyal bir çevre içinde yetiştirilmek, akranların eşitliği, karşılıksız verenlerin ödüllendirilmesi, sürekli değişen grup ve öğretmen yapısı, bu kitap içindeki yeni kavramlardan sadece birkaç tanesidir. 21. inci yüzyılda daha iyi bir anne-baba, daha iyi bir öğretmen ve daha iyi bir insan olmak isteyen herkesin bu kitabı okuması mutlaka gerekli."

Doğanın Kanunlarıyla Bütünleşmek

Ve Yaşam Tek Bir Kişinin Tecrübesi Olmayacak. Tam Tersine, Sanki Tüm İnsanlıkla Beraber Nefes Alıp Yaşıyor Gibi Olacağız

Doğanın Kanunlarıyla Bütünleşmek toplumsal bilinç üzerine yaratıcı yaklaşımı olan bir kitap. İnsanoğlunun geçirdiği süreç ve realiteye kapsamlı bir bakış sunmaktadır. Kitap geçirdiğimiz kişisel ve sosyal değişim akımları için araçlar sunmaktadır.

Michael Laitman küresel bir düşünür olup, Ontoloji Profesörüdür ve doktorasını Felsefe ve Kabala üzerine tamamlamış, Tıbbi Bio sibernetik konusunda MS diploması vardır. Doğanın Kanunlarıyla Bütünleşmek - Dr. Laitman'ın önde gelen düşünür ve bilim adamları ile yaptığı sohbetlerden hazırlanmıştır.

Dönüş Noktası

Gelişimin tüm önceki aşamalarındaki egoyu terk etmeliyim. Dönüş noktası, çatallaşma noktası, ayrılma, kriz, bugün üzerlerine gideceklerimiz bizleri gerçekten, egomuzu "kıracağımız" ve aşağıda bırakacağımız gerçeğine yönlendirirler. İnsanlık, büyük bir problem ile yüzleşiyor: Ulaştığımız o çok büyük egoyu hissediyor, onunla hayal kırıklığına uğruyor ve onu terk ediyor çünkü buna mecbur bırakıldık. Bu, "kötülüğün tanınması" safhası olarak adlandırılır. Bunun üzerine gitmeliyiz.

Karşılıklı Sorumluluk

Neden dünya nüfusunun %1'i dünya zenginliginin %40'ına sahip? Neden dünyada egitim sistemleri mutsuzluk ve zayıf egitimli çocuklar üretiyor? Neden açlık var? Neden yiyecek fiyatları herkes için yeterli olandan fazla yiyecek varken artıyor? Neden halen insan onuru ve sosyal adaletin olmadığı ülkeler var? Ve bu yanlışlar ne zaman ve nasıl düzeltilecek?

Ortak sorumluluk: Küresel Krizler Çagında Milletlerin Üstündeki Isık, küresellesmenin köklerine, nasıl evrimlendigine, bunun faydalarından nasıl haz alacagımıza ve zararlarından da kaçınacagımıza deginir.

Kendinizi Kurtarın

Dünya Krizinden Nasıl Güçlü Çıkabilirsiniz

Dr. Laitman Ontoloji ve Bilgi Kuramı Profesörüdür, Rusya Bilimler Akademisi, Moskova Felsefe Enstitüsü Felsefe ve Kabala doktora derecesi ve ayrıca St. Petersburg Politeknik Üniversitesi Medical Sibernetik mastır derecesi vardır. Laitman bizi bekleyen inanılmaz mücadeleyi işaret edecek şekilde bu üç uzmanlık alanının tümünü birleştiriyor.

Yeni Dünya Rehberi

Neden Karşılıklı Sorumluluk Küresel Krizi Aşmanın Anahtarı

Neden dünya nüfusunun %1'i zenginliğin %40'ı na sahip? Neden tüm dünyada eğitim sistemleri mutsuz, kötü eğitilmiş çocuklar üretiyor? Neden açlık var? Neden dünyada herkese yetecek kadar yiyecek varken gıda fiyatları artıyor? Neden dünyada hala insan onuru ve sosyal adeletin olmadığı ülkeler var? Bu yanlışlar ne zaman ve nasıl düzeltilecek?

Yeni Ekonominin Faydaları

Ekonomik krizlerin dünyanın en iyi ekonomistlerinin tüm çabalarına rağmen neden sona ermediğini hiç merak ettiğiniz oldu mu? Bunun cevabı bizde, hepimizde yatar. Ekonomi aramızdaki ilişkilerin bir yansımasıdır. Doğal gelişim sonucu, dünya hepimizin birbirine bağımlı olduğu bütünleşmiş ve küreselleşmiş bir köy halini aldı.

Karşılıklı bağımlılık ve küreselleşme dünyanın bir parçasında olan bir şeyin diğer tüm parçalarını da etkileyeceği anlamına gelir. Bunun sonucu olarak, başka parçalar hala hastayken bir parçanın iyileştirilmesi bu parçayı da tekrar hasta edeceği için, küresel krizlerin çözümü tüm dünyayı kapsamak zorundadır.

NOTLARIM

www.ingramcontent.com/pod-product-compliance
Lightning Source LLC
Chambersburg PA
CBHW071006080526
44587CB00015B/2367